Luce
Irigaray

JE, TU, NOUS

Pour une
culture de la différence

我，你，我们

迈向一种差异文化

[法]露西·伊利格瑞
/著

米兰
/译

上海人民出版社

目　录

小小声明：平等或差异

　　哪位女性还没读过《第二性》？哪位女性不曾被它激励？哪位女性还没因此成为，怎么讲，女权主义者？确实，西蒙娜·德·波伏瓦是本世纪唤醒女性的先锋之一，她提醒人们女性受到了多大的剥削，每位有幸读过此书的女性都因此受到鼓舞，少了些孤单，多了些决心，决心不再服从，不再受甜言蜜语的骗。

　　那么西蒙娜·德·波伏瓦做了什么？她叙述自己的生活，辅之以科学的信息。她勇敢讲述自己生活的每一步。就这样，她帮到了许多女人——以及男人？帮她们获得更多性自由，尤其为她们提供了那个时代所能够接纳的社会文化模式：作为女性、女教师、作家、伴侣而活。我相信，她还教会她们在生活的不同阶段更加客观地找到自己的位置。

西蒙娜·德·波伏瓦还做了更多。她对社会正义的理解使她支持某些女权主义者的活动与事业，签署她们的请愿、与她们一起行动、鼓励她们在《现代》（Les temps modernes）期刊上开设专栏、给她们的书作序、参加她们的电视节目、与她们交朋友等，用这些方式帮助她们在社会上崛起。

精神分析的时代

我虽然是《第二性》的读者，却跟西蒙娜·德·波伏瓦走得不近。为什么呢？因为代际差异吗？不完全是。她也跟年轻女性打交道。问题不在年龄，不仅仅在年龄。我们的立场存在着重大分歧，我也曾希望靠友谊和互助超越这些分歧。可到头来并不是这么回事。我以对姐姐说话的口吻给她写信，附上自己的作品《窥镜》（Speculum），西蒙娜·德·波伏瓦从未回信。我承认,自己因此相当伤心。我以为她会是个细心而聪明的读者,像姐姐那样帮我一把,解决这本书在学术上、在体制内给我造成的困难。哎呀,希望就这么落空了!西蒙娜·德·波伏瓦唯一的举动是问起我的另一本书《精神错乱者的语言》[1],因为那时她正好在写与此相关的老年问题。对于女性解放,我们并未交换过意见。

再一次,该如何理解两个女人之间的这种疏离?她们本可以也本该合作才对。西蒙娜·德·波伏瓦有所保留,因为包括我和美国女性都遭遇过的学术体制困难,对她来说很是陌生,难以理解。除此之外,西蒙娜·德·波伏瓦和让-保罗·萨特一直对精神分析有所抵触。而我受的是精神分析训练,这对思考性别身份很重要(即便这一块已经存在既有理论和实践)。我还有哲学的教育背景,精神分析也是其中一部分,是理解意识和历史进程的一个阶段,在涉及性的定义方面尤其如此。

---

1 *Le langage des déments*, Éditions Mouton, La Haye, 1973.

哲学和精神分析的双重训练，使我反思女性解放时有了不同于追求性别平等的维度。这并不妨碍我参与并推动为女性取得这样那样权利的公开示威：避孕权、堕胎权、公开或私下暴力受害者的司法援助权、自由言论权等，女权主义者普遍支持这类示威，即便其意味着应有维持差异的权利[1]。

然而想要这些斗争以不仅仅是主张的方式进行，并最终实现法律面前的性别权利对等（而必然有差），就必须让女性（及其伴侣）获得另一种身份。只有当女性发现其作为女性而不仅仅是母亲的价值时，才能享受这些权利。这意味着重新思考数世纪以来的社会文化价值并对其进行改造。包括对自己进行再思考与改造。

女性：平等或差异？

在我看来，作为女性而要求平等，是把真正的

1　然而我的立场在法律上要激进得多。（参见本书第十章"为何确定不同性别的不同权利？"）

目的表错了意。要求平等，预设了比较的可能。而女性究竟想要与谁相比而平等？以何事相比？与男人相比？以工资相比？以公职相比？以何种标准？为什么不与自己相比呢？

稍微严格分析一下关于平等的种种诉求，就能看出其对于肤浅的文化批判确实有效，在女性解放方面却不过是乌托邦。对女性的剥削基于性差异，也只能从性差异出发来瓦解。我们这个时代，有些思潮、有些女权主义者高声疾呼取消性别。即便这样的取消有可能实现，那也只能意味着人类的终结。人类之所以分出两种性别，是为了保证物种的生产与再生产。取消性差异的想法，意味着召唤人类历史上前所未有的、彻头彻尾的种族灭绝。其实，重要的是对不同性别的专属价值作出定义，使其在两性面前均能奏效。最重要的是发展一种对两性均施以尊重的"性文化"，这样的文化目前尚不存在。人类历史上，妇权时代（époques gynécocratiques）、母权时代（époques matriarcales）、父权时代（époques patriarcales）、男权时代（époques phllocratiques）事实上是不同的时期，因此文化方面，我们的性地位其实取决于代际差异，而非性差异本身。也就是说，在家庭中，女性必须充当母亲，男性必须充当父亲，但我们缺少积极的伦理价值，让同一代的两种性别组成不仅有生育力，而且富于创造力的人类伴侣。要创造并认可这样的价值，最大的障碍在于数世纪以来，父权与男权模式或多或少隐秘地掌控了我们的文明。扭转一性压迫另一性的情形，赋予或重新赋予女性以文化价值，实现两性权力之平衡，此乃单纯的社会正义。事到如今，这一点比波伏瓦写作《第二性》的时候更加明确了。

不经历这一步的话，女权主义的努力有可能摧毁女性，广义上看，则有可能摧毁一切价值。其实，平等主义有时候确实把大量精力花在反对某些积极价值上，漫无目的地做无用功，因此解放女性的运动才会出现危机，才会受挫，发生周期性退步，无法持续影响人类历史。

只有通过思考性差异，通过重写两性权利义

务以体现其社会差异，男性和女性的平等才有可能实现。

各国人民能在次要却致命的敌对上达成一致，却意识不到首要且不可小觑的对立在于两性的划分。在这方面，我们依然是文化的孩童。要紧的是女性斗争运动、女性社会团体乃至每一个女人，都意识到这些问题的重要性。它们关乎尊重生命与文化，关于从自然向文明、从精神向自然的不停跨越。女性的责任与机遇在于推动世界演化，而不是在这生命存亡攸关而日新月异的世上进行清醒却消极的内部竞争。

尊重西蒙娜·德·波伏瓦，意味着把她以自己的方式开展的社会正义理论与实践工作进行下去，而不是把她为许许多多女性以及男性开启的解放视野再度蒙蔽。这一视野，有一部分一定是她往日孤独而长久地漫步于自然荒草间发现的。她对该话题的体会和叙述，正如她所传达的其他信息那样，不该被人遗忘。

对女性谱系的遗忘

性别身份问题是我们这个时代最重要的问题之一。在我看来，该问题之所以最为重要，是因为：

1. 性差异对我们这个物种的延续很有必要，它不仅是生殖所在，也是生命再生之处。在繁殖以外的地方，两性彼此再生。繁殖甚至有可能削弱这个物种的生命力，因其将性差异简化到谱系学的层面上。有的文化已经了解个中真相，并付诸了实践。我们则最常忘记这一点。因此，我们的性行为，其特点是贫瘠、机械，即便用道德去论争，有时仍比动物的性行为还要退化，还要变态。

2. 性差异的地位显然与我们的文化及其语言有关。几个世纪以来，属于我们的性结构往往无缘于美学、思辨与真正的伦理阐释，因此性文化的观念会使多数人震惊。性事似乎与文明隔绝开来。稍加思索与考察，就会发现事情完全不是这样。所谓私人的性行为，绝不可能逃脱社会规范的约束。当我们没有或几乎没有专门的性规范，没有适合自身时代的性仪式与性张扬时，情况就更是如此。我们的文明是在对性秩序的遗忘中进步的。真是残酷的讽刺，我们这样在某些方面如此复杂的文明，在另一些方面竟会如此贫瘠或变得贫瘠，以至于今天要从动植物和其他异质文化那里寻找性奥秘与性规则。我们的人性走向成熟，我们的文明走向未来，欠缺的正是一种性的文化。

3. 性文化的退化伴随着引入种种自诩普世的价值，但它们都像是一部分人控制另一部分人的幌子，现在看来，则是男性世界统治女性世界的工具。对于社会不公与性别不公，我们的时代还认识甚少，但这样的不公应该得到解读与修正，以

便从交流系统、沟通与创造方式中解放我们的主体
潜力。比如，必须明确我们活在全然的男性谱系之
下。我们的社会由各占一半的男女构成，来自两种
而不是一种谱系：母亲—女儿，父亲—儿子（甚至
还有交叉谱系：母亲—儿子，父亲—女儿）。父权
的组织方式则是使一个谱系屈服于另一个谱系。今
人所称的"俄狄浦斯体系"，作为文化秩序的入口，
就这样建立在单一男性亲子关系之内，其中没有女
性与母亲关系的符号。母亲—女儿的关系，在父系
社会中从属于"男人之间"的关系。

从女神到男神

　　非父权社会则符合女性文化秩序的传统，由母
亲传给女儿。比如，约翰·雅各布·巴霍芬的《从
母权到父权》(*Du règne de la mère au patriarcat*[1]) 就
展示了这种女性文明的要素。关于这方面，我则在
《海的情人》(*Amante marine*[2]) 中分析了母权—女权

1　Pages choisies par Adrien Turel, Éditions de l'Aire, 1980.

2　Éditions de Minuit, 1980.

从女儿过渡到儿子手中的标志性事件（"当男神诞生"和"蒙上面纱的嘴唇"两个章节）。

必须指出，伴随精神谱系的转型，话语结构的性质与风格也发生了改变。占有神谕和真理的男神—男人，就此拔离了他们在地上的肉身的根。这种转型伴随着对权利关系、司法关系、论证关系的修改。新的逻辑秩序建立起来，审查女性话语，使其越来越微弱，直至再也听不见。

父权传统的遗忘和认知缺乏令人震惊，母亲—女儿谱系的痕迹因此消弭。今天，大部分科学家，多数情况下怀着好意，声称这样的谱系并不存在，它不过是女性和女权主义者的想象。这些男女皆有的博学之士并未就此问题研究多年，对我们的历史文化缺乏充分考察，却敢于在他们自己的研究框架内对他们不了解的领域作出判断。对母系的遗忘正是父权文化的征兆。不了解自身与世界关系之源的现代人，其精神的无依与浪游，症结正是在此。

如何居住在没有女神的地上

在《对赫斯提亚的遗忘》（*L'oubli de Hestia*[1]）一文中，法国哲学家让-约瑟夫·格努以上述用词分析了海德格尔所找寻的怀乡之旅。海德格尔寻求的是这样一种可能性：居住在有朽的地上，同时不放弃作为庆祝与成全的神性维度。他解释道，在海德格尔哲学中，"存在"（être）一词往往等同于"居住"（habiter），随其思想的进展，这样的巧合也在增加。让-约瑟夫·格努用这些词在印欧语系里的词根来展示这一点。而表示"存在"和"居住"的词根，也与守护家宅灶火的女神赫斯提亚（Hestia）有关。因此，家中的神性乃是女性在守护，由母亲传递给女儿。

女儿出嫁的时候，母亲从家中祭台引火，举着

---

1 Le sexe linguistique, revue Langages, n°85, Éditions Larousse, mars 1987. 本章一部分内容来自我为这本期刊撰写的导言，该期刊的供文作者包括 Marie Mauxion, Patrizia Violi, Luisa Muraro, Marina Mizzau, Jean-Joseph Goux, Éliane Koskas, Hélène Rouch 和我本人。

点燃的火炬给成婚的新人引路，一直走到他们的新居，给女儿新家的祭台燃起第一把火。这火表示纯洁（pureté）由女性来守护。这纯洁并不是如今的渎神男女所理解的腼腆（pudibonde）或防御性贞操（virginité défensive），也并非效忠于父权文化及其定义下由男性拿来交换的作为价值的贞洁。这纯洁意味着对女性身份以及女性谱系保持忠诚[1]。尊重女性品质和女性血缘，以确保家的神圣性。地上居所维度的丧失，伴随着对赫斯提亚的遗忘，为的是给被从柏拉图开始的哲学定义为只应天上有的男神让路。这些地外男神似乎使我们变得不再熟悉地上的生活，从此地上的生活变得好像是一场流亡。

地上生活的此种解读、女性谱系的断裂、对神及其属性的无知，皆无助于结成幸福的婚姻，也就是普遍含义下男性和女性结成的肉体与精神之姻缘。夫妻间不论最后达成怎样的协定，如果语言和

---

1 起码这是我个人的解读，而问题在于掌火的特权与迟来的神性不符。也许应该将其当作某种关于原住民传统的记忆？

文化不经转型，就不存在主体间关系的位置。随之
而生的悲剧，有时在艺术、文学以及其他由逻辑真
理和社会秩序预先规定的表现形式中更为显著：人
为地撕裂私人生活和公共生活，沉默地谋划着爱情
的灾难。

她怎样变为"非他"？

因此，文化之所以成为父权的，在于两性关系
的演变。这样的演变也体现在语言的深层结构中。
语法上对性别的规定并非毫无目的，也不是任意为
之。语言学的即时与贯时研究足以表明，语法性别
的划分有着语义基础，有着关系我们感觉与身体经
验的意义，随时间与地点的变化而有所不同。同一
种经验——性差异的存在使这样的表述只能部分有
效——有可能通过不同的语法性别来表达，这取决
于文化或历史时代是否侧重某种性别。性差异因此
不能还原为单纯的、语言以外的自然因素。它影响
着语言的形式，也为语言所影响。它决定了代词
与物主代词的系统，也决定了词语的性别及其语

法类型的划分，比如：有生命的／无生命的、具体的／抽象的、阳性的／阴性的。它位于自然与文化的结合部。然而，所有父权文明都在这一点上贬低女性的价值，以至于她们的世界之现实及其描述都不准确。就这样，在我们的语言中，女性不再是一种有差异的性别，而是"非男性"，也就是一种并不存在的抽象现实。即便女性本身常常囿于狭义的性领域，语法性别的阴性，作为主体表达却早已消亡，关于女性的词汇往往鲜有价值，甚至带有侮辱性质，相对于男性主体，女性被定义为客体／物品。这就是为什么女性发声如此艰难，作为女性发声时也很难得到倾听。父权的语言秩序排挤她们，否定她们。她们无法在身为女性的同时说出合理、连贯的话语。

中性即失去身份

由于无法使用这套男性话语，多数想要夺取文化话语权的女性退缩到假想的中性立场。女性否定自身的性与性别。在我们的语言中，这不可能实现，而文化却教导她们如此。为了能以不同的方式行事，她应该完成痛苦而复杂的过程，从而真正向女性转变。这条路似乎是避免失去主体性身份的唯一出路。在文化层面，除了服从狭义的性场景规范与典型家庭模式，多数女性首先体验到的是无性或中性。为了进入男人之间的文化世界，她们遭遇着重重困难，因此几乎全体女性，包括所谓的女权主义者，都放弃了自身的女性主体性，放弃了与其他女性的联系，由此走入个人与集体的死路，断绝了交流的可能。文化也因此大为贫瘠，沦为性身份的单极。

这些反思，正如本书中所有的反思，绝对不是为了简单揭发或批判，而是试图从性的秩序或无序中，解读出社会的组织方式，也在这层维度上提供一些方法，从当代知识的各个重要领域中提取案例，说明社会正义只能通过文化变革来实现，至于是怎样的变革，我们目前还不清楚。

社会不公不单是由于狭义的经济问题。我们需要的不仅是吃穿用住。我甚至认为，是文化的堕落造成了有人巨富，有人贫穷。货币的发明，也许正对应着社会的失序。不论如何，我们的需求，首先且必须是所有人皆有权获得人之为人的尊严，这样的权利重视差异。所有主体并不相同，也不平等，也不应如此。涉及性的时候尤其是这样。必须理解并修正规定主体与客体权利的社会文化机制。只有改变组织社会秩序的语言法则以及真理与价值的概念，性方面的社会正义才有可能实现。中期与长期看来，修正文化机制与严格物质意义的财富再分配同样必要，二者缺一不可。

1987 年 3 月

宗教神话与世俗神话

　　我们当中有很多人，以为只要不进教堂，不行圣礼，不读圣经，就能脱离宗教现象对我们存在的影响。我们的国家政权实行政教分离——至少原则上是这样，有助于我们维持此类幻想。诚然，这些权力分立的做法，保证了相对节制地实现世俗热情与宗教热情。可是它们并不能消除宗教在文化中的重要性与影响力。因此，通过往往是不知不觉地体验、交流、延续着艺术、思想、神话，我们大家至少都活在希腊、拉丁、东方、犹太或基督教（我故意写成复数）的传统中。要思考另一种时代，也不可能完全否定现存的时代。马克思和弗洛伊德的解读并不充分，因其依旧与未经质疑的父权神话相连！父权制本身，还有与之相伴的男权制，某种程度上都是神话，由于缺乏远距离考察，竟成了唯一可能的秩序。这就是为什么我们会假想神话是对次要现实的再现，而不是对某一时期社会组织形式的主要表达。

故事与图像构成的历史

把父权等同于唯一可能的"历史"，可以解释为什么人们对粗略称为"史前"的历史缺乏了解。专家把彼此迥异的历史时代与现实统统放进史前史，还往往把此类历史表达、表述简化为神话或传说故事的功能（因此不纳入"历史"）。把此类历史现实解读的意义视为次要，伴随着对文化中某些维度的打压与破坏，特别是关乎性差异结构的维度，也导致历史的概念变得片面、简化、贫瘠。

约翰·雅各布·巴霍芬[1] 关于神话乃历史表达

---

1 *Du règne de la mère au patriarcat*, op. cit.

的著作很有意思，他认为神话见证的是某些时代曾经存在过的妇权组织形式。他的研究基于源自我们文化的各种相近分支。妇权传统（traditions gynécocratiques）——不能简化为母权（matriarcat），而是包含女人作为女性而统治的时代——先于父权，却不像在据说博学的圈子常常读到或听到的那样，久远到可以追溯至穴居时代或旧石器时代的奥瑞纳文化（aurignacien），抑或是某些动物性风俗。巴霍芬，梅林·斯通在《神曾是女性》（*Quand Dieu était femme*[1]）中，还有希罗多德、黑格尔、伊利亚德等人，皆从古埃及、古希腊、古罗马文化为我们列举了妇权传统的例子，更不用提神话和悲剧的演变，尤其是古希腊，在这方面给我们留下了文字记录。除了文字，狭义的艺术遗迹也见证了不同于我们现存文明的土著文化，我们的文明承袭于这些文化，却抛弃或颠覆了其中某些价值。这些价值有时会重新出现在父权规范当中。

1　Éditions Opuscule, Canada.

神女

1984 年 5 月，我在威尼斯-梅斯特雷的"女性中心"（Centro Donne）进行了一场名为"神女"（Femmes divines）的讲座[1]，之后参观了托尔切洛岛。那里的博物馆展出一尊女性塑像，以耶稣之母玛利亚的姿态坐着，把孩子举在膝上，好让目光集中在孩子身上。我由衷欣赏着这美丽的木雕，才发觉她抱着的"耶稣"是个女孩！这对我的认知与心理造成了重大而欢快的影响。我觉得自己从真理的文化强制中解脱出来，这强制也作用于艺术：必须相信只有处女母亲和她的儿子才是我们救赎的范本。这尊塑像表现的其实是玛利亚和她的母亲亚纳，在它面前，我平静而欢欣，回归了自己的身体，自己的情感，自己作为女性的历史。我需要这一美学与伦理的形象，使我不必活在对自我化身以及我母亲与其他女性化身的蔑视中。在果园圣母堂，我还见到一幅少年玛利亚在圣殿学习的画像，而在博洛尼亚

1　参见 *Sexes et parentés*, Éditions de Minuit, 1987。

的圣斯德望圣殿，还有供奉童年玛利亚的小礼拜堂，但是献给她的花和蜡烛少得很，可见其并未得到应有的关注！

在《海的情人》中，我解释过女性受孕、出生、童年、少年、成婚的宗教再现与庆典之必要。意大利还有这样的遗迹（我提到的几处都属于北意，是因为我在那几个城市做讲座时见过），因为意大利人民还存有来自东方的底蕴，那里的神话还没有完全还原为父权与罗马法主义。但这一切都助长了某些现实意义的颠倒。在意大利，有很多表现基督王给圣母玛利亚加冕的画作。诚然，这种事只能发生在末日审判之后。我理解为它将发生在我们现有的评判与再现系统终结之后。然而，为了描绘它，首先要能想象它。我认为这是有可能的，只要被历史驱逐而表现为颠倒形式的那方归来。确实，王权最初属于女性。随后在东方，在罗马，在法国，她们还曾以或多或少直接的方式，给国王加冕。整个历史时期，女性曾是王后（在某些文化中，她们依然是……），正如她们也曾持有占卜的权力。埃斯库罗斯所作悲剧"俄瑞斯忒亚"三部曲之一的《欧墨尼得斯》提醒读者，女性曾有意与她们的儿子分享占卜的权力。为什么她们后来丧失了这一切：神性、王权、身份？

天国视野或帝国梦想？

尽管巴霍芬提供了有关妇权制的宝贵信息，却没有认真解释向父权制过渡的原因。我不认为事情像他或黑格尔以自己的方式断言的那样，仅仅因为父权制比女性统治更具精神性。此外，巴霍芬的说法在这一点上总是自相矛盾，也没能解决这些矛盾。对他而言，女性更具道德性，而父权制更具精神性与天国性。但是缺少了伦理的精神与天国又是什么？有什么文化可以从大地与有用质料给养，就为了之后无所报答地划清界限？也许父权制确是历史的某个必要阶段。只有当我们发现其局限并有能力对其作出解释时，它才有可能终结。今天有了这种可能性，或者说又有了。为了社会正义，这任务很有必要，同时也为了挽救我们的自然储备，而不是以天国的名义将其摧毁，这天国之所以建立，原本就是为了取代地神的秩序。大地提供矿产、金属、植物、氢气、氧气等我们所需的资源。她供我们呼吸、饮食、居住。消灭大地就是摧毁生命，摧毁我们自己。父权制秩序建立在彼岸世界之上：出生以前及死去以后的世界，为了生存而发现和开发的地球以外的星球，诸如此类。父权制不重视现存宇宙的价值，总想从假想的世界提取无法兑现的汇票。父权制还幻想一切皆可购买。然而，废除女性谱系及其对大地和物质宇宙的尊重后，父权制文明也压制了社会现实的一部分，所以如今也难以理性地设想真理。

真理与信仰

总有人说男人讲话的方式清晰，女人讲话晦涩。可男人的表达远不如人们所以为的那样清晰。为什么这么说？因为男人的组织建立在宗教与民事规范之上，切断并改造了现实。因此，事物与言语的价值变为一部分是事实，一部分是信用，还有一部分则是任意。因此男人之间的交流根本是封闭的，其运作遵循规则与惯例，排斥各人自身的理解。父权制的文化越是当权，沟通与交流的系统就越是与个人体认隔绝，越是成为专家的本事。当今世界之所以不幸，这构成原因之一。我们中大多数人已经不知道什么是真的。他们放弃了个体判定的权利。他们服从那些他们以为知道得更多的男女：不论基于文化水平还是社交能力，还是更加隐蔽的广告、媒体、艺术所进行的身份模型操纵。

诚然，任何个人都不可能重新发明历史。可我认为，每一个人，不论男女，都能且应当重新发明自身作为个体与身在集体的历史。要达成这项任务，就必须尊重身体，尊重彼此的概念。每个男女必须始终能够认清自身的义务，判断自身的决定。任何人都不该凭借信仰，这是心理学和社会学现象，会产生危险的人为力量。信仰不同于关心，不忠于经验，信仰摧毁身份和责任。它往往表现为夺取权力，以弥补历史的疏漏或遗忘，不论这样的疏漏或遗忘体现在话语结构中，或体现在与之相伴的图像系统中。

1987 年 4 月

男性话语和女性话语

　　如何分析话语中的性别标记？为了实现这项调查，我首先收集了法语的语料。我给日常生活中与治疗状态下的男女录音。我还在一些共事者的帮助下，给若干组女性和男性做了下列语言学小测试："请用一个给定的关键词造简单句：单身、婚姻、性取向、孩子，等等"，或者"请用一组给定的关键词造简单句：乏味—他—说；裙子—自—看；房子—母亲；房子—餐桌，等等"，再或者"请为属于不同语法类别并表现不同程度歧义的词语给出反义词、近义词或定义。"

　　我开始整理并解读收到的答复。我已经可以断定，一方面，女性的陈述体现着类似的特征，另一方面，男性的陈述也相互类似。这么看来，可以说他们的话语带有性别特征。属于某个性别的标记，在话语中体现得比多样的具体条件还要显著，比实验条件下对话者改变造成的场景变化还要显著。

　　如何解释这一现象？处理这类工作的具体结论时应当谨慎，因为牵涉之事过于重大，因其可能触发有意识或无意识的激烈情绪。因此，我在此仅斗胆提出几个问题，这项尤其在国际层面上[1]尚在进行的研究有助于我表达或重新表达这些问题，并实验性地论证它们。

社会效应还是语言效应？

　　男性陈述和女性陈述之所以不同，是出于社会效应还是语言效应？我认为应当拒绝这种分割。语

1　参见露西·伊利格瑞针对法语、英语和意大利语的研究《语言中的性与性别》(*Sexes et genres à travers les langues*, Luce Irigaray, Éditions Grasset, 1990)。

言产自过去时代的语言积淀，体现着社会的沟通模式。语言不普世，不中立，也并非无形。在所有说话主体的头脑中，并不存在亘古不变的语言模式，每个时代都有着自身的需求，都创造自身的理念并强制其实现。有的理念比起其他理念，在历史上更加长存。性别理念就是个很好的例子。这些理念一点点将其规范强加于我们的语言。这样一来，在法语里：

（1）阳性总是主导句法：ils sont mariés（他们结婚了），ils s'aiment（他们相爱），ils sont beaux（他们很美）。这项语法标记抹去了阴性，它影响着主体经历，及其如何体现为话语，以及如何体现在话语里。

（2）中性或非人称表达同样反映为阳性代词或阳性形式：il tonne（打雷），il neige（下雪），il faut（应当），而不是 elle tonne（打雷），elle neige（下雪），elle faut（应当）[1]。即便中性在这门语言的

1　根据法语句法，中性或非人称表达用阳性代词（il）而不是阴性代词（elle）作主词。——译者注

历史中曾用于描述某些客体（譬如在希腊语和拉丁语中），自然现象和必要性却都用有性词语来指代。同样，希腊哲学中或源自希腊语的 il faut（应当……）与 il est nécessaire（有必要……）背后，藏着关乎人与神命运的性别必要性。必要性的起源并不是中性的。它继而进化为义务，即服从罗马法的秩序。然而，法律仅由男人制定。"应当"仅表示由单个性别主体制定的义务或秩序。它仅在表面上为中性，至少在法语里，它采用仍然等同于阳性的表达。

男性似乎有意以直接或间接的方式，把自身的性别施加给整个宇宙，正如他有意给他的孩子、妻子、财产冠以自己的姓氏。这意志在性别[1]与世界、事物、客体的关系中分量极重。确实，被认定具有价值的东西便属于男人，并被赋予他们的性别。除了给狭义的财产冠名，男性还把自己的性别赋予神、

---

1 我常以"性"（sexe）代替"性别"（genre）使用，是为了规避与"genre"一词有关的传统内涵，并用以指代"陈述"（l'énonciatio）的主体，而非"所陈述"（l'énoncé）的主体。

太阳，并在中性的面具下，用自己的性别为宇宙、社会与个人秩序立法。

在法语（以及诸罗曼语）中，阴性在句法上一直是次要标记，它甚至不是规范，而阴性名词也不指代那些最具有价值的事物！在我们的语言里，月亮是阴性，星星也是，但一般看来，它们并不被认作生命之源。阴性的大地则被切成一块一块的，分配给男人，其阴性也因此受到破坏，或被掩盖。

如果语言是性别化的，那话语怎么可能不是？在某些基本规则上，在与性别色彩、属性密切相关的词性分配上，在词汇储备上，话语就是性别化的。男性话语和女性话语的差异就是语言和社会的产物，就是社会和语言的产物。要么都变，要么都不变。两者也不可能彻底分割开来，只能从策略上将文化变革的中心放在一个或另一个上，尤其不能消极等待语言自行进化。可以有意识地利用话语和语言，以收获更多的文化成熟与社会正义。正是对文化的这一维度不予考虑，才把如此大权交付给了中性技术的帝国、宗派造成的退步、我们正在历经的社会和文化的解体、种种专横的帝国主义，等等。

性别解放包括语言变革

还应指出，只有改变与性别相关的语言法则，才能实现性别解放。主体解放有必要采用不服从宰制或取消性差异规则的语言（倘若除奇迹外仍有可能的话）。对于不同的语言，需要质疑与修正的地方也不一样，不能忘了这一点。然而我不知道有哪种现存语言，自我定位为在世界的两种差异性别之间分享与交换的工具。如果不从理论和实践层面考虑语言中性别化标记和规则的影响，以期修正语言这一文化工具，那么个体的决定和好的集体意志，在其社会解放计划与社会正义计划上都会失败。

所分析的陈述，表明女性与男性在性别的相互关系上存在很大差异。女性赋予自身的话语以性别，正如她们往往把自身的性别品质赋予物品、地

点，女性对有性对象讲话。男性不这样，男性留在
"他们"或"我—他（们）"之间，这相当于无意
识的性别选择。

　　女性应该放弃赋予陈述对象以性别吗？最好不
要。性是重要的文化维度，但应该重新平衡语言、
社会、文化中的两性关系。在不放弃把性差异赋予
词语的前提下，女性最好能自我定位为"我""我—
她（们）"，能自我再现为主体，能与其他女性交
谈。这要求主体进化与语言规则变革。目前为止，
有必要让女性完全处在"她们之间"，才能实现全
然"女性"的复数：她们相爱，她们美丽，等等，
也才有能与女性作为主体的世界发生关系。这一语
言学上的必要性决定着某些解放运动的形式。可
是，人类世界也不可能彻底分裂成男女没法碰面的
两个世界。或者碰面时互不言语？然而沉默本身也
属于话语。男女隔离的策略，对于话语内容的明确
问题来说不可或缺，对于语言形式与法则的作用来
说尤其重要。这类策略应该用于改变语言的形式
与法则，使其在交流层面有效，包括女性之间的

交流。

对种种语料的分析显示，当女性话语的"你"指代一名女性时，在其精神分析移情中，载体确实是一名女性。但在实验性陈述中，陈述对象却被描述为"他（们）"，即便当实验对象是女性。如何理解"你"作为载体的转变？是文化抹杀？是强加的假中性重新引入男性的"他"，以取代女性的"你"？这种性别取代发生在两个性别身上。从主体历史的角度看，这种取代抹杀了与初始的"你"即母亲的关系。结果就是女性缺乏从"你"到"她"再到"我"的过渡，在与自身和与自身性别的关系中，丧失了性身份，特别是谱系身份。对男性而言，原本是母性—女性的"你"让位给"他"。从"你"到"她"再到"你"的过渡，正是语言中缺少的东西。这与我们所分析的话语句法结构相符，也与我们抹杀母性的"你"与女性的"我"的语言秩序相符。这样的语言秩序不是随机产生的，而是由语言学家所忽略的法则驱动而成。

两个不同的世界

在男性话语中，世界最常被描述为融入主体宇宙的抽象无生命体。其中所呈现的现实已经是文化的，与男性主体的集体历史与个体历史相连。总是关乎与身体根基、与宇宙环境、与生命的关系切割开来的第二天性。总是在否定中表达出来，总是处于向蛮荒行为的永久过渡。即便行为的方式有所变化，其盲目即时性始终不变。男性主体与自身身体、与赋予他这身体之人、与自然、与他人身体包括其性伴侣身体的关系依然有待培养。在此期间，话语所传达的现实全是人造品，由一个主体与一种文化极尽宣传，实际上已经不可能共享。这正是语言的关键问题所在。更有甚者，这些现实离生活如此之远，已经成了致死之物，正如弗洛伊德所下的诊断：死亡冲动的文化特权。

在精神分析移情之外，女性话语把男人描述为主体，把世界描述为属于他者宇宙的具体无生命体。因此，女性保留着自身与现实环境的关系，但不把主体性认作己物。她们仍是具体现实经验的场所，却把组织场所的权力交给他者。事实上，语言本就没给她们不这么做的机会，至少数世纪以来就是如此。举例来说，女性话语的内涵主要透过形容词来表达，而不存在于实际上有所产出的谓语中。从语言学上讲，这也许意味着，她们现有的语言符合她们自身掌握的原先曾经存在过的语言之转型（而且／或者她们以这样的方式抵抗后来居上的男性话语的特点）。在这层意义上，还可以对其他线索作出解读：省略"我"和"她"的说话方式、所有从话语主词中抹除女性的策略、否定转移的用处，等等。对我而言，话语和语言中主体的性与性别将是未来研究的主题。

世界在变。今天，其演变似乎已经威胁到生命，威胁到价值的创造。就连幸存的价值也往往屈服于金钱的统治。仅由男性负责的社会所建立的沟通方式，有可能妨碍其他与生命及其具体属性联系更加紧密的沟通方式产生，抑或是摧毁其存在。性维度是其中最不可或缺的一种，不仅为了再生产，也为了文化与生命的延续。因此，问题在于知晓：

我们的文明是否依然把性视作病态、缺陷、动物性
残留，或者终于成熟到赋予性应得的人类文化地
位。这种变革将由语言的性维度以及所有交流方式
的进化来完成。

1987 年 6 月

关于母系秩序

我们似乎服从于两种行为模式：达尔文式和巴甫洛夫式。（1）关乎生命时，我们总是一方面与外部世界斗争，一方面与其他生命斗争。只有在两两相对时强过对手，我们才能生存。（2）在文化层面上，我们通过（有意识或意识的）学习而受到教育，包括重复练习、适应某个社会的模式，此乃"像……一样"的教育，教育我们"像……一样"去做，不搞重大发现与创新。

我们能够摆脱这两大策略腺体及其变体吗？我们能够从关乎生命的竞争性战斗中，从关乎文化的致命重复中，从社会组织与非组织的两者混杂中解脱出来吗？在涉及性身份尤其是女性身份时，这些问题依然悬而未决，而它们是否给我们提供了途径？我认为是的。我的解释还在于，达尔文主义和巴甫洛夫主义都很重要，尽管这一点并不明显。为了生存，我们与一切他者的形式斗争，我们依然屈服于制定好的社会规则，并将其与自由混为一谈：所以只谈一种性或性别而不是两种，所以我们只了解（父权）文化而不了解别的。然而在我看来，性差异结构跟普世法则一样，是这些大型模式遭遇局限之处。

相比决定论、生命或文化的闭合，胎盘关系代表着开放，一种来自女性身体身份的开放。巴黎科尔贝高中（Lycée Colbert）的生物学教师埃莱娜·鲁什（Hélène Rouch）研究了母亲与孩子透过子宫的独特关系。这些往往由父权想象（比如精神分析）呈现为彼此交融的关系，实际上非常奇妙：有序而尊重彼此的生命。

不同于非此即彼

露西·伊利格瑞：埃莱娜，能否解释一下胎盘对宫内生命所起的中介作用？

埃莱娜·鲁什：首先要记住什么是胎盘：它是胚胎形成的组织，虽然紧贴子宫黏膜，但仍与之分离。有必要记住这一点，因为人们普遍认为胎盘是混合形成的，一半母体，一半胎儿。然而，胎盘虽然是胚胎的一部分，却几乎是个独立于胚胎运作的器官。它在两个层面上起中介作用。一方面，它是母体和胎儿之间的空间，这意味着母体组织和胚胎组织永远不会融合。另一方面，它是调节两个生物体之间交换的系统，这样的调节交换不仅在于量（营养物质从母体流向胎儿，废物则相反），还改变母体的新陈代谢，为母体自身和胎儿的利益而转化、储存、重新分配母体物质。因此，胎盘不是个单纯的营养物质输送器，它在母体和胎儿之间建立了一种关系，使胎儿在不耗尽母体的情况下成长。

在激素方面，胎盘的角色也很有趣。首先，它代替母体的垂体维持妊娠所需的卵巢分泌物；其次，它代替卵巢本身分泌类固醇，并将其输送给母体和胎儿。它似乎还有一个自我控制系统，能够调节自身的激素分泌。因此，虽然这个器官在解剖学意义上依赖于胚胎，但当母体由于怀孕状态而无法正常发挥卵巢功能时，它就会分泌妊娠所必需的母体激素。

胎盘的这种相对自主性，及其确保一者在另一者体内生长的调节功能，既不能归结为融合机制（母体与胎儿的身体或血液之不可言喻的混合），也不能反之归结为侵犯机制（胎儿作为异物从内部控制并吞噬母体）。除了想象，这类再现显然是文化决定的，没有任何现实意义，与复杂的生物现实相比显得非常贫乏。

和平的共存

露西·伊利格瑞：能否解释一下在排斥他者的现象方面，移植、免疫的问题与胎盘结构的独特性有何区别？

埃莱娜·鲁什：可以说怀孕就是一次成功的移

植。实际上，我们认为很难实现的器官移植——从一个人身上移植到另一个人身上——却透过怀孕自然而然地发生了。移植的问题在于，受体会将移植器官视为异物，并触发防御机制来排斥异物。识别是由每个人特有的标记或抗原系统来实现的，因此称作"自我的标记"。器官移植要解决这个问题的话，要么选择与受体基因尽可能接近的捐赠者（理想的移植是同卵双胞胎之间的移植），要么使用免疫抑制剂来减少受体的排斥反应，很显然，这样做会使受体非常容易感染。

胚胎有一半来自母体以外。事实上，它的抗原有一半来自父亲。由于这些抗原，母体本该对这个他者产生排斥机制。同时属于这个他者的胎盘，却阻止了排斥机制。它以非常复杂的方式，阻断母体的排斥反应，或起码是极大地减少排斥，由于这发生在仅限于局部的子宫内，母体因此能够保持抵抗力，防止可能的感染。

露西·伊利格瑞：能否结合胚胎作为异物的可

接受性或可拒绝性这一"自我"与"他者"的问题，解释一下这样的免疫矛盾？

埃莱娜·鲁什：不仅是矛盾，更是母体自身与他者胚胎之间的一种协商。只有当母体机体识别出外来抗原时，旨在阻止母体免疫反应的胎盘机制才会发挥作用。因此，胎盘从来就不是一个保护系统，它不会阻止母体将胚胎胎儿识别为他者，从而抑制母体的任何反应。正相反，母亲必须认识到他者，即"非我"，并对其做出反应，才能产生胎盘因子。可以说，"自我"与"他者"之间的差异处在无限协商中。就好像母体一直都知道胚胎（以及胎盘）是他者，她还让胎盘也知道这一点，然后胎盘产生因子，使母体机体能够接受作为他者的胚胎。这些耐受机制既不同于移植的情况——在移植过程中，移植体被认作他者后，会立即激活受体的免疫排斥反应，不可扭转；也不同于某些癌症肿瘤的情况——这些肿瘤不被认作他者，会在毫无防备的机体中增殖。

文化性的遗忘

露西·伊利格瑞：因此，胎盘结构是一种有序、不融合、彼此尊重的结构。唉！我们的文化与自然秩序相去甚远——科学方法向自然秩序的回归还往往扩大了彼此的距离——遗忘或忽视了母胎关系的准伦理性质。在您为《语言学的性语言》（*Langages sur Le sexe linguistique*）一刊撰写的文章中 [1]，您指出对胎盘结构的无知来自男性文化的想象，尤其在所谓的"母语"方面。能否总结一下您的这部分研究？

埃莱娜·鲁什：我先从精神分析说起。精神分析以孩子出生时不能自理和对他者即母亲的绝对需求为由，证明其想象中的孩子与母亲相互融合。这种融合含蓄地表现为妊娠期有机融合的延伸，而孩子必须打破融合，才能构成主体。有个第三方——无论他是父亲、法律、"父亲之名"或别的什么——将打破这融合，使孩子得以进入符号体

1　*Op. cit.*, «Le placenta comme tiers».

系并使用语言。这个第三方将防止融合导致的精神错乱，并确保一切恢复秩序。可他所做的，难道不是在另一层面重复和强调妊娠期间借助胎盘而已经存在的分离吗？以及分娩时婴儿与子宫的分离？在我看来，母亲自身与他者孩子相互分离，早在语言赋予其意义之前就已存在，而且其存在方式不一定是我们的文化想象所传达的方式：失乐园、悲惨的驱逐或排斥，诸如此类。我不怨这些想象的模式之虚假，而怨它们是思考前语言事物的唯一方式。就此应该拷问为什么我们对怀孕过程本身，尤其是对胎盘已经众所周知的特殊作用视而不见。

在文中，我拿米歇尔·塞尔的《寄生虫》(Michel Serres, *Le parasite*) 一书来作这种盲视的例子，在我看来，这本书是男性与母语关系的典型。在这本书中，塞尔一方面抨击人是动植物的寄生虫，拿走一切，却什么也不给予；另一方面，他又赞美他自己与母语的关系，母语给了他一切，而当他与母语（还有几个朋友）一起无尽饕餮后，却发现母语"完好无损，有如处女"。因此，人从不给予，却一直在使用、消费一种取之不尽用之不竭、奇迹般地不断更新的语言。对于塞尔来说，这就是基督道成肉身的奇迹，唯一一位献出自身供人"享用"之人。但如果没有怀孕的玛利亚，又有谁能把肉身供人享用呢？但按照怀孕的定义，她既不再是"处女"，也并非"完好"了。这一点塞尔是知道的，他不是称胎儿为"寄生虫"嘛。但他并不承认这是全人类的债，而是情愿遗忘并谈论：谈论一种语言，用一种语言来谈论，这语言具有母体那慷慨、丰饶与充实的禀赋，但我们却不欠它什么。与母体关系的物质性消失后，语言仍作为取之不尽用之不竭的"子宫"，供人使用。

可以盈利的遗忘

露西·伊利格瑞：您对胎盘的商业化开发持什么立场？

埃莱娜·鲁什：医生都说胎盘是扔进垃圾桶了。然而众所周知，胎盘被合法或非法地卖给公共或私人研究机构和实验室，因其是科学、医学研究以及化妆品行业的优质材料。尽管这两个领域的盈利性质不尽相同，但它们并不是截然分开的。想要研究胎盘的特性并利用其疗效并不是什么丑闻。不过，化妆品行业使用胎盘获取巨额利润却很可耻。

胎盘是依赖母亲而发育的胎儿器官。即便胎盘不属于母亲，我们也应该问她决定把胎盘捐献给谁，用它来做什么。这至少象征着母亲对孩子的馈赠以及孩子对母亲的亏欠，而这亏欠在我们的父权制商业体系中是无价的。

1987 年 7 月

差异的文化

女性的身体有种特殊性，可以容忍他者在自身内生长，而不产生疾病、排斥反应或两者之一的死亡。唉！我们的文化几乎颠倒了这种尊重他者经济的意义。它盲目崇拜母子关系，甚至到了宗教拜物教的地步，却没能诠释这种关系所体现的容忍他者在自身之内与自身共处的模式。女性的身体，通过男性和女性染色体的交汇，为其体内孕育的儿女提供平等的生命机会。

男人之间的文化正好相反。它的组织方式是将另一性别的贡献排除在社会之外。女性的身体生育时尊重差异，而父权制社会的身体则通过排斥差异建立起等级制度。在这种社会建构中，必须维持女性他者为自然基体，其贡献在其关系意义上保持模糊。显然，对母子关系的崇拜展现着女性的宽容。然而迄今为止，女儿也由男性的种子产生。她们不由母亲单性繁殖，即使染色体交汇的结果是生下一个与她们相似的孩子。

因此，我们的文明有两种缺乏、两种压制、两种不公或不正常：（1）女性在自身内部给予他者生命，使其生长，却被排除在仅由男性建立的"像他们一样"的秩序之外；（2）女孩虽然由男人和女人共同孕育，却不能像男孩一样作为"父亲之子"进入社会。她仍然游离于文化之外，维持着自然身体的身份，用来生育。

女性在获得对其社会权利和政治权利的承认方面所遇到的困难，正是基于这种生物学与文化间不经深入思考的关系。今天，拒绝任何生物学上的解释——因为很矛盾，生物学也起到了剥削女性的作用——相当于拒绝解释这种剥削的关键所在，也相当于回到男神—男人统治建立之初的文化天真中留守：只有彰显为人形的东西才是父之神子，只有与父直接相似，才能合法成为有价值的儿子。畸形或非典型的都要带上耻辱藏起来。女性呢，必须留在夜色里，面纱下，屋子中；她们被剥夺了原本的身份，即相对于男性染色体的非显性形式。

因此，为了获得与男性同等的主体地位，女性必须让自己的与众不同得到承认。她们必须坚持自己是有价值的主体，是父母的女儿，她们尊重自身内部的他者，并要求社会给予自身同样的尊重。

然而，她们身份的整个框架有待建立或重建。我想举出几个简单的例子来说明如何安排母女的身份关系，这是我们社会中最欠缺培养的一部分。的确，这种关系两次被排斥在父权文化之外，因为女性作为女性主体不受承认，女儿则被不平等地认作女儿主体。主导我们文明的价值是明目张胆属于男性的价值。

如何摆脱这地狱般严格的男权父权秩序的钳制？如何才能让女儿拥有精神或灵魂？只要母女间

的主体关系存在，就可以实现。以下为若干培养母女关系的实用建议。

1. 重新学会尊重生命，尊重食物。这意味着找回对母亲与自然的尊重。我们常常忘记，钱不能偿还一切债务，也不是所有的食物都可以用钱买到。这一点显然也关乎男孩，不过它对重新发现女性的身份至关重要。

2. 在所有家庭和公共场所，都应该有美好（而非广告性质）的母女形象。总是面对母子形象，特别是宗教维度的母子形象，对女儿而言足以致病。例如，我建议所有沿袭基督教传统的女性，在家中的共用房间、女儿的卧室以及她们自己的卧室摆放玛利亚和她母亲亚纳的画像。有那种很容易复制的塑像雕塑或画像。我还建议她们摆放自己与女儿的合影，也可以放自己与母亲的合影。她们还可以拍摄三人组相片：母亲、父亲、女儿。这类再现，是为了给女孩在自家谱系上以有效的地位，此乃确立其身份的基本条件。

3. 我建议母亲创造机会，与女儿一起使用女性复数。她们还可以发明词语和句子，来描述她们所经历的、所分享的、却缺乏语言表达的现实。

4. 母女还有必要发现或制作可以彼此交换的物品，以便自我定义为女性化的我：你。我之所以说"可以交换"，是因为可以分享、分割、共同消费的物品也可以保持融合。通常，女性间的交流只涉及孩子、食物，最多再涉及她们的梳洗与性冒险。这些都不是可以交换的物品。而为了好好谈论他人和自己，最好能交流关于世界的现实，交换一些东西。

5. 母亲最好从小就教育女儿尊重无等级的性差异：他是他，她是她。他和她不能简化为在功能上互补，而是对应着不同的身份。女人和男人，母亲和父亲，女孩和男孩有着不同的形式和品质。他们不能仅仅根据行为或角色来识别。

6. 为了建立或维持与自身与他者的关系，必须拥有空间。女性往往被简化为子宫或自身性器的内部空间，因为她们对生育有用，对男人的欲望有用。她们有必要拥有外部空间，以便她们能从自身的内部走向外部，拥有自身作为自主主体和自由主体的体验。如何在母女间创造这种空间呢？以下是一些建议：

a）尽可能用人的伟大代替人工的伟大。

b）避免彻底脱离自然、宇宙空间。

c）玩转镜像现象、对称和不对称（尤其是左与右），以便减少对他者的投射或吞噬，减少与他者无差别的现象；无论这个他者是母亲、父亲还是未来爱侣，等等。

d）学会不总是朝同一个方向走，这并不意味着漫游，而是懂得如何让自身从外到内，从内到外。

e）在母女之间放置手工制作的小物件，以弥补空间身份的缺失以及对个人领地的侵犯。

f）不要局限于描述、再生产或重复现有的东西，而要懂得发明或想象尚未发生的事。

g）在语言交流中，创造"我—女性"与"你—女性"对话的句子，特别是关于自己或女性第三人的句子。这样的语言几乎不存在，极大地限制了女性的主体自由空间。可以从日常语言开始创造。母女可以通过情感游戏和教育游戏的形式来实现。具体说来，就是"母亲—女性"与"女儿—女性"对话，使用女性的语法形式，谈论与她们有关的事情，谈论自己，邀请女儿她自己，谈论她的谱系，特别是她与母亲的关系，向女儿介绍当今的公众女性，以及历史或神话中的女性，让女儿介绍她的朋友，等等。女孩刚入学时，学校教给她们的话语是"他（们）"或"他（们）之间"的话语。虽然男女混校有其优势，但从话语的角度来看，只要语言规范——语法、语义和词汇——不发生变化，混合学校也不怎么有利于女孩建立身份认同。

今天，只有母亲才关心如何给女儿或女儿们以女儿的身份。我们都是女儿，都更了解自身解放所必需的东西，作为女儿也可以教育母亲，并相互教育。在我看来，这对我们所需要的社会和文化变革至关重要。

1987 年 9 月

作为女性而写作

爱丽丝·雅尔丁：在 20 世纪末写作，对您意味着什么？[1]

露西·伊利格瑞：意味着很多事，我就列举今天想到的吧：

a）我生活在 20 世纪末，我已经到了写作的年龄。

b）我靠写作谋生。我是个没有男人来养活的

---

[1] 这些问题由爱丽丝·雅尔丁和安妮·门克（美国哈佛大学）提出，是女性写作调查的一部分。

女人，但自己能满足物质需求。我从事科学研究，我的工作是研究某些问题，把工作成果传达出去。

c）20 世纪末，交流思想的手段之一是字母文字。因此，我用它来交流，尽管我认为，这种手段只能有限地表达我作为女性所要说的东西。

d）写作可以把我的思想传递给许多我不认识的人，他们与我说着不同的语言，生活在不同的时代。在这方面，写作意味着建立一个被人记得、传播和载入史册的语料库，一种意义的法则。从我论述的内容和形式来看，在 20 世纪末写作意味着试图建立新的文化时代：性差异的文化时代。我认为，无论从过去、现在或未来的角度来看，这项工作在此历史时刻都很有必要。

e）我的著作《窥镜》问世时，我的口头表达受到了部分阻碍。他们取消了我在大学的讲师职位。幸运的是，他们没有剥夺我在国家科学研究中心（CNRS）的研究员职位。我有幸能够继续写作，午夜出版社（Éditions de Minuit）继续发行我的作品。因此，在被剥夺发言权的情况下，写作也是种表达和交流的方式。

f）剥夺发言权可以有多种含义和形式。它可以表现为有意识地将人排除在机构之外，将其逐出市镇。这种做法也可以片面地表示：我不理解您做的事，所以我拒绝它，我们拒绝它。在这种情况下，写作能把自己的思想保留下来，留待那些如今或今后听得到之人。在关于意义的领域，这样的需求更容易理解。出于各种原因而寻求建立新性别文化的话语，就是这样一个领域。

爱丽丝·雅尔丁：作为女性而写作有价值吗？这是您写作实践的一部分吗？

露西·伊利格瑞：我是女人。我作为女人而写作。如果不是出于蔑视女性价值，也不是出于对性代表的重要主客体维度加以抗拒的文化，这样做为什么会没有价值呢？但我怎么可能一部分是女人，另一部分是作者？把女人和写作的人分割或分裂开来，只有那些停留在语言自动化中或现存意义模仿中的人才会这样。我的整个身体都与性有关。我的性向并不局限于我的性别和（狭义的）性行为。我认为，压抑——尤其是性在民间与宗教上受到的非文化对待——仍然如此强大，以至于人们可以说出"我是女人"而"我不作为女人而写作"这样奇怪的话。此类抗议包含着对"男人之间"文化的隐秘效忠。字母文字在历史上本就与父权编制民事与宗教法典有关。不为语言及其文字的性别化作出贡献，就是在延续法律和传统的伪中立性，这些法律和传统把特权赋予男性谱系及其逻辑法则。

爱丽丝·雅尔丁：今天，许多女性作家首次在大学或精神分析一类的教研机构中任职。在您看来，女性的这一新位置是否有助于女性进入 20 世纪正典，并占据该卷宗的核心位置，还是（依然）留在脚注中？

露西·伊利格瑞：在当今的教研机构中，女性也不多。即使有，其职业生涯也往往受到升职限制。很少有女性能升至最高职位，且无论如何都为此付出了高昂代价。现实如此，这能解释为何会有围绕职业名称的诸多争论。

　　然而，要想写出能够载入 20 世纪记忆的作品，仅在教研机构任职是不够的。进入院校有时能使思想快速传播，但并不意味着能因此产生重大的历史影响。很多进入教研机构的女性，讲述的也许是种已经过去的文化，而不是会作为现在和未来发展的痕迹而留存的文化。

　　这种新兴文明将在哪里得到表达？当然不仅仅是在文字里！不过，仅就书面文献而言，脚注有时是女性准入最少的地方。至少在我的文化中，脚注必须引用专有名词、书名或文章名，并精确引用原文。有些女性的贡献已经进入书籍的正文，却往往融入了文本，对谁是创作者缺乏确切说明。我们的文化教导我们无偿享用母亲的身体——自然的和精神的——而在男人的世界里，他们用自己的名字来标记这种占用。您的问题似乎暗示着这点维持不变。女性的话语将留在并非她们所写、并非她们署名文本的正文或注释中。要么是您的问题表达或翻译不当？

历史上最难引起注意的文化贡献，是男女对文明发展的不同贡献。现实与承认这种贡献差异的标志之一，就是出版由女性署名的书籍，且以男性无法替代的方式创造文化。符号交换秩序发生变革的另一个标志，则是大量出现展示男女之间真正对话的文本。

爱丽丝·雅尔丁：如今，我们目睹了女性在文学理论、哲学理论和精神分析理论方面取得重要成果并得到认可，与此同时，学科之间、写作流派之间的界限也有了新的流动。这种平行关系仅仅会迎接女性与男性等量齐观，还是会彻底模糊这些范畴？

露西·伊利格瑞：今天的学科之间、写作流派之间，流动性并不大。知识和技术的多样性，意味着知识之间的隔阂比从前更大。在过去的几个世纪里，哲学家和科学家进行着对话。如今由于语言不通，他们之间往往形同陌路。

哲学、精神分析、文学等学科之间是否存在新的交流领域？这个问题很复杂。有人试图从一个领域跨向另一个领域，却不总是具备相关的必要技能。我们目睹的是有些转而拷问自身文化本源的哲学家，对语言使用进行了修正。尼采、海德格尔，乃至黑格尔即已开始质疑自身文化的希腊根基与宗教根基，而德里达则质疑自己与旧约文本的关系。这样做的同时，他们诉诸某种接近悲剧、诗歌、柏拉图式对话、神话表达、宗教寓言或行为的风格。这样的回溯，追问的是男性身份建构为父权的和男权的时刻。是不是女性从私家与沉默中走出来了，才迫使男性拷问自身？除海德格尔外，后几位哲学家都明确表示对女性身份感兴趣，有时甚至对她们作为女性［féminin（s）］或女人［femme（s）］的身份感兴趣。这是否会导致范畴模糊？什么样的范畴？以什么名义？或者说以谁的名义？为什么？我认为您所说的范畴是知识的范畴，而不是话语和真理的逻辑范畴。引入新的逻辑形式与规则时，还要定义新的主体身份，定义明确意义的新规则。只有这样，才能使女性在文化生产中与男性齐头并进，共同努力。男性回顾自身攫取社会文化权力的时刻，是要寻求摆脱这权力的方法吗？但愿如此。这或许意味着他们将邀请女性一起分享对真理的定义及其实践。迄今为止，以不同的方式写作，并没怎么改变政治领导人的性别，也没怎么改变他们关于公民或宗教的发言。

这跟耐心有关吗？在别人代替我们以我们的名义做出决定前，我们必须耐心等待吗？诚然，我认为没有必要诉诸暴力实践，但应该拷问给有关科学、宗教、政治的话语赋予身份的方式，且让自己作为主体置身其中。文学固然很好，可当男人首先关心的是争权夺利等问题时，该怎么让他们以诗意的方式领导人民？我们尚且不能明确自己的身份，关于谱系关系的规则，以及我们的社会、语言、文化秩序，又该怎么以女性的身份管理这个世界呢？对于这项任务，精神分析可以帮上大忙，倘若我们能够恰当运用它，来满足自己身体和精神上的需求和欲望。它可以帮我们脱离父权文化，只要我们自己不受男性谱系世界的理论和问题所定义，所引诱。

爱丽丝·雅尔丁：考虑到正典的问题意识和政治性，还有在此提出的问题，您的作品会进入 20 世纪正典范畴吗？以怎样的方式？对您而言，这部正典的内容会是什么？

露西·伊利格瑞：我从这个问题中听到一个愿景，即预测和编纂未来，而不是现在就努力建设未来。在当下为未来担忧，当然不等于提前设定未来，而是努力让未来成为现实。尽管如此，一旦您有十几篇论文在书店、公共图书馆和私人图书馆陈列多年，并被翻译成多种语言，它们就有机会进入 20 世纪的正典。除非发生大难，取缔任何形式的正典？

也许这场大难正是您所指的"正典"的一部分。老实说，我不明白您怎么说得出"正典的问题意识和政治性"。您的说法似乎在暗示，现在一切已成定局，未来也不过是过去的载体，对 20 世纪正典的定义，有一部分注定不会由活在 20 世纪以后的读者来确立。您似乎还断言，只有一种正典，而正典只有一种内容。我很吃惊。如果只有一种，那么它就会受到自身表达形式的严格规定，就会代表语言不可改变的条条框框。

您似乎没意识到，存在多种语言，而且它们在不断演变。比如关于性别问题，每种语言的处理方式并不一样。您的假设可以归结为哪种语言会取代其他语言的问题。我无法接受这种大难式观点，就像我无法相信存在永恒且普世地规定每个人每件事意义的法则。说到这里，我想针对您的问题发问：未来会强调主体还是客体？会强调意义的沟通与交流，还是强调对财产的占有？对于这些一定程度上对应了罗曼语和日耳曼语中不同性别表达方式的抉择，我的回答是，我不希望古老的文化传统被主体方面更初级的文明所废除。我希望我所属的主体文化，尤其我自己语言所属的主体文化，能够朝着性别主体文化的方向发展，而不是不经考虑便对主体性予以毁灭。从这一点出发，我真心希望自己成为20世纪文化记忆的一部分，并对话语的形式和内容之变革有所贡献。会有这样的心愿，因为我对未来充满希望，希望未来将比过去或现在更有教养，希望符号交流在未来比现在更自由、更公平、更细致，包括"正典"一词所承载的宗教维度的符号交流。

爱丽丝·雅尔丁：您是否仍像1974年出版《窥镜》时那样坚信，把女性身体引入男性语料库是至关重要的策略？

露西·伊利格瑞：我不知道《窥镜》的美国译本如何，可我听到了太多对这本书的误解。诚然，这本书很难，因它定义了一种新的思想视野。这本书也很难翻译，因为我写作时利用了法语词汇的同义词或同形词，及其在句法和语义上的含糊性。从这个意义上说，这本书不可翻译。但我认为，误解也来自翻译以外的原因。在我看来，其中一个原因是没有好好阅读原文，就把信息简化为谣言或观点。

因此，《窥镜》并没有说要把"把女性身体引入男性语料库"，因为女性身体从来都是男性语料库的一部分，在哲学作品中尽管并不总是如此，但确实也有。我当然知道这一点。《窥镜》批判了一性对另一性的专有使用权、交换权、代表权。批判的同时，也开始以现象学阐述女性的自我情感及其对身体的自我再现：以本书作者露西·伊利格瑞为例。这种方法，意味着女性的身体不应只是男性话语的客体或他们种种艺术的客体，而应成为女性主体性体验和自我认同的问题所在。这种研究旨在为女性提供适合其身体的形态逻辑，亦旨在邀请男性主体重新自我定义为身体，以便在性别主体之间进行交流。

对这种社会和文化变革的研究仍然是我的工作内容，有时侧重于一个文化领域，有时侧重于另一个文化领域，为的是重新思考其构成。

性别身体可以进入主体性定义和文化定义，您的问题也许想对此表达惊讶。我认为，这个层面的研究是我们时代的任务之一，尤其当发现了无意识以及种种人类解放运动之后。

1987 年 9 月

"艾滋不会透过我传播"[1]

最近，我听到一位 25 岁、聪明、热心政治的哲学专业男生断言说，艾滋病将有助于引入一种新的性伦理。他的论点是，想要防止染病，就得避开某些性感部位，因此性伴侣，尤其是男性，将被迫完善和调教自身的欲望。他举了一些多少与他关系密切的伴侣为例。

我不是要质疑这位男生的诚意。其实，我已经

1　这是法国电视频道第二次反艾滋宣传时，借一名女性之口传达的口号。

在某些关于艾滋病的电视节目中听到过这种论调。这些发言让我觉得可悲又可笑。我们所谓的先进文明，竟需要依赖灾难来推动爱的进步。此类性伦理观散发着西方宗教最压抑、最意识形态的恶臭。要想净化，就必须经受考验。性是罪，而性病，由于可以减少性行为，本质上是通往救赎之路。因此，有福的艾滋病让我们脱离诱惑，引我们走向智慧，不知不觉还能限制出生人数！

我当然为艾滋病患者得到补偿与安慰而欢欣雀跃！然而，在所谓自由、解放和健康的男子口中，艾滋病好像是种解药，能够解决我们未决的性问题，这表明我们的文化在性爱方面发展不足。这样的不足，甚至可能是艾滋病以及我们时代其他疾病的根源之一。

为什么得病？

确实，不是任何人在任何时候都会生病。当身体受到侵袭，其平衡必然已经受到破坏。所有疾病都是如此。对于所谓的免疫性疾病，这一点过于显而易见。其实，所有疾病都是如此。生病意味着自身无法继续抵御致病因子。

那么，为什么在我们的文明高度发达的时代，会大量出现致命疾病呢？我猜想，正是这文明让我们的身心持续受到侵袭，逐渐破坏了免疫机制。医生们却不这么说，我很讶异。难道他们并未完全遵守希波克拉底誓言？难道他们喜欢疾病泛滥，因为这有利可图？这对他们有着财富价值或自恋价值？还是他们自己已经瞎了眼？习惯于使用技术手段作为中介的他们，还知道什么是活体吗？举例来说，他们是否意识到持续暴露在噪音中的后果，例如削弱我们的生物结构，尤其是荷尔蒙结构，使我们易患癌症、艾滋病，甚至会使我们不育？这一切难道只有女性心理治疗师才意识得到，才说得出口？

治愈很好，但预防更好。对他人的生活进行医学干预，就是闯入他们的世界。某种程度上，就是侵犯他们的世界，让他们被迫产生依赖。这也意味着剥夺他们说话的权利，因为病人往往对医学行话以及诊断与治疗背后的理由一无所知。

吵闹的性权力

医患关系与许多夫妻间现行的性权力关系有些相似。这并不是质疑医生的奉献精神，而是质疑性教育。这不仅是私人生活问题，也是普遍的社会关系问题。

无论在物质上或精神上，制造噪音都是男性的特权。当他们在别人，尤其在女人面前操纵吵闹的机器时，大多数男人都会由衷地感到快乐。操纵机器时，他们的社会苦难逐渐缓解了，而机器运作时必然很吵，传递着他们性能力的证据。试想一下，如果机器不再发出声音，男人将被迫接受性的再教育，这不比艾滋病致使的教育更有趣吗。我个人建议，当今做母亲的，不应该教女孩像男孩那样做事，而应该教育男孩在性方面做男人的同时，还能像女孩那样具有社会美德：懂得保持沉默、冷静、轻声细语、避免吵闹和战斗的游戏、关心他人、做到谦逊和忍耐，等等。

尊重这些往往只是简单礼貌的文化习俗，不会损害男性的性结构。相反，这有助于确保他们不会在社会刻板印象中丧失能量，而我们最近对性的发现证明，这些刻板印象已经过时了。今天，有教养的性行为应该与操作武器、趾高气扬、大声说话、自称正确、用自己的理论引战等行为区分开来。

我们的性解放应该慢慢改变我们的社会文化环境。男人操纵机器发出的噪音不应该超过女人手中的机器。然而奇怪的是，前者侵占了我们的全部存在空间，而后者却不该穿透正常房屋的四壁。同样，男人之间或男人群体之间的冲突也该处理得礼貌且友善，至少不该发出噪音，不该侵扰妇女和儿童。

真正自由的性

大多数人无疑会认为我在开玩笑。完全没有。毫无疑问，我们很难想象，所有这些占据着大多数政治话语、规范着所谓公民态度、吞噬着巨额资本、以军事预防之名污染着我们的环境、现今威胁着我们的生命和身心健康的行为，在多大程度上是男人之间奇怪的性游戏。很不幸，几个世纪以来，这类游戏却占据我们的视野。真不幸呀，我们的文明也惯于摧毁生命，摧毁他们获得的东西。这样的结构与弗洛伊德所描述的男性的性结构有着惊人的相似之处：紧张，释放，恢复平衡。可这结构无时无刻不直接或间接地到处立法，包括通过医学使我们生病。

要走出这种与所谓单一男性性行为（充其量是中性的！）相对应的文化景观，一个办法当然是改变对男孩的教育，从而改变男人的社会行为。这一措施在我看来尤为必要，因为当战争持续受到谴责，有关战争的游戏、玩具、图像以及平民的攻击行为也在不断涌现，这无助于在儿童或成人的心中建立清晰与和平的观念。

培养性欲并不在于生孩子，而在于转化自己的性能量，以便与他人实现愉快而多产的共同生活。社会不应要求人们压抑、否认或取消性欲，或将其保留在孩童时代或动物性中，而应使其成为个人和集体主体性的一部分，这样的主体有能力尊重自身，尊重同性与异性，尊重不同的人，尊重全人类。我们离这个目标还很远！诉诸疾病来解决我们的问题，摧毁一切主体性，就像因怨恨或无能而打碎玩具或摧毁文化，是天真而不负责任的性行为。

1987 年 10 月

性与语法性别

女性进入公共领域、她们彼此的社会关系、她们与男性的社会关系，都需要文化变革，尤其在语言方面。如果共和国的总统先生与女王会面，说"他们会面"在语法上近乎反常。大多数人都不去细究这个微妙的问题，而是自问我们应该只由男人来管理，还是只由女人来管理，也就是说，只由一种性别来管理。语言规则的分量会导致如此僵局。很不幸，人们对这一问题所在仍然认识不足。有的女性随时准备反对语法规则变革之必要，甚至包括有的女权主义者——幸好不是全部！——她们认为，自己有权使用阳性语法就足够了。然而，倘若把语法的性别变为中性，就会取消性别主体的差异，愈发把性排除在文化之外。废除语法的性别是种退步，是我们的文明所不能承受的退步；同时，赋予男女以平等的主体权利紧迫而必要。平等显然意味着不同，却同样有价值。主体性意味着在交换系统中权利一致。从语言学的角度看，这意味着分析语言在文化上的不公正性及其普遍存在的性别歧视。这不仅反映在语法中，也反映在词汇中，反映在词语性别的内涵中。

多少是阳性

数世纪以来，人们认为有价值的是阳性，无价值的是阴性。于是，太阳是阳性，月亮是阴性。我们的文化中，太阳被视为生命之源，月亮则是含糊的，近乎有害——也许只有一些农民男女不这么看。把雄性赋予太阳有史可循，把太阳赋予男神男人亦是如此。这一切并不代表不变的真理，而是不同文化、国家和语言，以不同的速度长期演变的数

据。阳性词性的正面内涵与父权和男权的建立有
关，特别是男性对神灵的占有。占有神灵不是次要
问题，这问题非常重要。不借助神的力量，男人就
无法取代母女关系，也无法取代她们对自然和社会
的权力。但人通过赋予自己一个无形的父、一个语
言的父而成为神。人作为"道"（Verbe）而成神，
继而作为"道"而成肉身。精子的力量在生殖过程
中并未直接彰显，它把力量传递给语言法则，即逻
各斯（logos）。逻各斯则试图成为包罗万象的真理。

男人通过至少三种做法占有语言法则：（1）证
明他们是父亲；（2）证明他们比女人—母亲更强；
（3）证明他们有能力创造文化地平线，正如他们自
己从卵子、孕肚、女人身体的自然地平线上被创造
出来。

为了确保坐拥权力而不被出卖，男人自觉或不
自觉地用自身再现有价值之物，仿佛自身形象和语
法性别吻合。大多数语言学家声称，语法性别是任
意的，与真实性别的含义或内涵无关。其实这不准
确。其实他们还没真正反思这个问题。他们尚未觉

得这个问题有反思的必要。他们乐于看到自身的主体性和理论，作为装成普遍任意性的男性观点而获得价值。对词性的耐心研究几乎总能揭示其隐藏的性别，而这种性别层面很不容易立即彰显。于是，语言学家会不假思索地反驳说，（阳性的）"fauteuil"（扶手椅）或 "château"（城堡）并不比（阴性的）"chaise"（椅子）或 "maison"（房子）更 "男性化"。这么说显然不对。稍加思考就会发现，城堡或扶手椅就是比房子或椅子更有价值。后者在我们的文化中不过是有用，前者则奢侈、华丽，此乃更高阶层的财富标志。对所有词汇进行严格分析，就能发现它们的秘密性别，这意味着它们属于同样可作性别解读的句法。再比如："ordinateur"（计算机）显然是阳性，而 "machine à écrire"（打字机）则是阴性。价值问题……胜出的必须是阳性。同样，（阳性的）"avion"（飞机）优于（阴性的）"auto"（汽车），（阳性的）"Boeing"（波音飞机）优于（阴性的）"Caravelle"（三桅帆船），更不用说（阳性的）"Concorde"（协和飞机）了……而每个反例都有稍微复杂一些的解释：词性也许来自前缀或后缀，而非来自词根；也许取决于该词进入某种语言词汇库的时间以及当时阴性与阳性的相对价值（从这一点上看，意大利语的性别歧视没有法语那么始终如一）；词性有时由输入语言决定，例如法语中大量的外来英语词，在其输入法语时都记作阳性。

作为身份或可占有财产的性别

词性是如何指定的？存在不同的指定方法与层次。我认为，在最古老的层面，人们确定了所指的现实和人物的性别。大地是女性，天空是她的兄弟。太阳是男性，是男神。月亮则是女性，男神的姐妹。诸如此类。在语言流派中，这种最初的指认总会给词性留下或明或暗的痕迹。但除了确定所指的现实与性别外，还有一种机制在起作用。有生命、有活力、有教养的成为阳性；无生命、无活力、未开化的成为阴性。这意味着男性把主体性归于自身，把女性贬低为客体/物品，或什么都不是。女性本身如此，词性亦是如此。"moissonneur"

（收割者）是阳性名词。按照目前关于职业名称的争论，语言学家和法学家想把收割的女性称为"moissonneuse"，可是女性主体无法使用这个词：要么"moissonneuse"是"moissonneur"所使用的工具[1]，要么这个词根本就不存在阴性形式。在高级的职业领域，情况就更滑稽了，有时会发现指定语法词性时遵循等级制度："secrétaire d'État"（国务卿）或"secrétaire de parti"（党书记）为阳性，"secrétaire sténo-dactylo"（速记打字秘书）则为阴性。

作为世界创造者与组织者的两性伴侣并不存在。男人身边只有词性为阴性的工具以及女性—客体。他们管理世界时，并不把她们看作拥有平等权利的性主体。只有通过变革语言，这一点才有可能。而只有通过重新赋予阴性价值，这种变革才能实现。的确，阴性原本只是不同，而今阴性几乎

1　Moissonneuse 是 moissonneur 的阴性形式，意为"收割机"。——译者注

等于"非阳性"。身为女人等于不是男人。关于这点，精神分析已经在其阴茎或菲勒斯（phallus）羡妒的理论和实践中冷静地阐述过了。而这种现实只对应一个文化时代和一种语言情况。这么说来，女性解放并不通过"成为男人"来实现，也不涉及羡妒雄性器官或物品，而在于女性主体重新把价值赋予自己的性别、性别表达。此乃完全不同的途径。目前，有的社会理论和实践依然存在误解，认为解放可以通过平等占有财产和获得等价的主体性来实现：精神分析就是其中之一，马克思主义一定程度上也是如此。这些论点都是男人阐述的，用德语写成。如今，这些理论在日耳曼语系国家的女性中间相对流行，因为主客体关系体现在词性中。因此，一个女人可以拥有菲勒斯，甚至可以拥有阴茎（pénis）。比如，德国、英国或美国的女性可以要求平等占有财产，平等分配词性。可这样的做法一旦实现，她们事实上放弃了在主体层面拥有自身词性的权利，还把有意识地将有性身体与语言相连的做法批评为"本质主义""本体论""唯心主义"之类。

因为她们对个人身体、社会身体、语言结构之间的关系缺乏了解。在所谓女性解放的领域里，这样的缺乏了解造成了许多误解。对于许多英美以及广大日耳曼语系的女权主义者来说，只要得到一个大学职位，出版一本书，就叫解放。对她们来说，职位和工作就是全部，似乎能够占有本身，已经使她们满足。而在我看来，还必须成为自由的女性主体。要实现这种解放，语言是必不可少的生产工具。我必须推动其演变，拥有与男性同等的主体权利，能与他们交换语言和物品。英美德系的女性解放，强调占有财产的平等权利：男女之间的差异在于自然、数量，有时也在于征服和占有的财产质量。我所追求的性解放，则要求获得作为女人而有价值的主体、个人、集体地位。我强调男性主体与女性主体在权利上的差异。

职业的性别

对于罗曼语系的女性而言，拥有与男性等同的财产无法解决性别问题，因为这些财产并不带有其所有者作为主体的（性别）标记。无论是男是女，都必须说"mon enfant"（我的孩子，随"孩子"一词为阳性）或"mon phallus"（我的菲勒斯，随"菲勒斯"一词为阳性）（？）因此，对于有价值的"客体"，占有的标记不改变其词性。至于其他"客体"，如果只有女性才可以使用或占有，通常都会被贬低价值。因此，客体以及征服客体的问题并不能改变所有语言中性别权利的不平等。事实上，我认为在任何语言中都是这样。不过确实能够满足一定需求，多少是迫切的需求。

职业名称问题之所以取得巨大反响，是因为它代表主体与客体、客体与主体之间的过渡部分。确实，这也与占有职位、拥有工作有关，但它的性质不同于占有其他物品。职业是主体身份的一部分，尽管不足以构成主体身份。此外，对职业名称的诉求，很容易与男性世界中已经存在的其他社会诉求结合起来。因此，这个问题相对容易提出，也几乎得到了普遍支持。阻碍力量往往只来自现存的语言法则——比如阴性的"moissonneuse"（收割机）和

"médecine"（医学）已经成为物品名称或专业学科名称，不能用来称呼从事该职业的女性；而有时某个职业名称的阴性形式并不存在，或其阴性形式已经指定了另一种职业——以及某些职业对女性准入与否的社会阻力。在职业名称的性别问题上，语言的性别歧视问题几乎没有得到解决，已经提出的解决方案也往往试图回避由此暴露的问题。

1987 年 10 月

生命权

"由于切尔诺贝利事故造成精神创伤，70%—80% 意大利人投票反对核能。"关于意大利公投的结果，我从收音机里听到了如此措辞[1]。受到其他波段干扰，我没听清意大利人对法官的权力做出了何种决定。两个议题的结果我都想知道，却只听到一个，加上对一个国家所做的创伤诊断。

这不是我的观点。不过出于对意大利的同理

---

[1] 1987 年 11 月，意大利公投决定：（1）使用核能；（2）法官的权力。

心，我斗胆拿自己与意大利人做个类比，我在 1986 年意大利国际共产党的妇女节上揭露了一部分自己对核文化的质疑（参见《性和亲缘关系》中"生活的机会"一章[1]），某些媒体便对我下了诊断。他们说我"害怕"技术进步……

政治责任

给保护生命的政治选择贴一份身体或精神疾病诊断，在我看来是令人震惊的无意识行为，也是理性帝国主义的一种形式，与无条件的金钱权力相联系。要想身体健康，就得支持利润工具的盲目发展。即便最后已经不剩下什么人来从中获利也无所谓；最重要的是证明获利的意图。因此可以想象，在一场并非人命关天的货币战争中，成败据信取决于各种技术的发展。也可以想象，人因过分推崇复杂医学而忽视预防医学。人们崇尚医学或生物学发现，却似乎忽视了：（1）我们文化中的日常危险；

---

1 *Op. cit.* 亦可参见 *Temps de la différence*, biblio essais, 1989。

（2）医学本身造成的损害。对于这种看法，我从所谓的聪明人那里得到的唯一回应就是：过去的情形也不比现在好……

在我看来，意大利公投的两个议题恰好可由"生命权"统一起来。而议题必须采用全民公投来决定，意味着我们这个时代缺乏与保护生命相对应的公民权利。可是，倘若国家本身也杀也抢，又该如何禁止个体之间杀戮或偷盗呢？倘若国家统治者自己不是合格的法官，谁又有资格做法官？此乃我们文化的复杂性，成文法没有对此作出规定，该如何重新定义每个人的权利和义务？当权者作出裁决时，该从谁那里获得授权？从宗教那里吗？哪个宗教？目前有哪个国家有赖单一宗教裁决？在女性权利方面，谁又希望继续维持父权制一神论的规定呢？

人民的新型鸦片？

生命权尤为紧迫。就财产关系而言，近几十年来出现了许多细微差别和补充内容。确实，它们或多或少都实行了，尤其在改变性别歧视方面。理论上讲，在获得或处置财产方面，女性拥有了以前没有的权利。但这种进步不充分且脆弱，只有以生命权为基础，它才能稳定下来，而生命权仍然带有性别。的确，生命不是中性的。有段时间了，断言男女已经平等或即将实现平等几乎成了人民的鸦片。男女并不等同，在我看来，朝着这个方向进步问题重重，只有幻影。这样一来，在职场上，雇主很快就会声称他不想雇用女性员工，因为她们不稳定。或者他同意雇用女性，但条件是支付她们较低的工资，而不承认这些女性往往是最有利可图的劳动力，因为她们很严谨，特别是上了一定年龄的女性。

我不知道一个女人该如何在职场充当男人。当然，她可以穿男人的衣服，不再做爱，不再打扫卫生，不再生孩子，改变嗓音，等等。我们的时代有时会出现这样的情况，此乃性别中性化的征兆。问题是，这究竟是某些女性的选择，还是一个由男性构建的世界的必然要求——女性无法选择却不得不勉强接受的世界。她们不是成为女人，而是成为男人。这是男性世界对她们的要求，因为这个世界不承认她们的女性身份。

家庭之外的女性

如何加强这方面的工作？将女性权利写入《民法典》似乎至关重要。女性需要特殊的权利。我们仍然生活在家庭—宗教的世界里，女人做身体，男人做头。太惊人了，那些在摇篮中完全依赖女性、凭借这种依赖才能存活的男人，长大后竟允许一切颠倒过来：他们当初依赖女性的智慧而存活，却认为女性没有能力管理一个充满生命的社会，甚至不能成为像他们一样享受权利的公民。这种信心的逆转值得质疑。它带有竞争乃至报复意味。显然，男人们已经准备好说，做母亲的懂得妥帖安排物质，而不是精神，在物质方面，女人比他们做得更好。可他们从未做过母亲……这是最聪明、最巧妙的职业。倘若女性能充分享有自身身份的益处，那么她们还能做得更好。但直到现在，创造、保护生命的女性并不享有生命权。出于令人难以置信的不信任，竟怀疑她们获得生命权时便不再想要保有生命。女性往往只是被物种繁衍所挟持的人质。她们的生命权必须使她们能够合法地处置自己的身体和主体性。

如若不然，我们又是谁呢？面对如此扭曲的现实，文字又有什么价值呢？人们说，女人已经像男人一样享有公民权。有谁考虑过她们在公共生活中没有身份这一事实？她们的身份定位只与家庭有关。女性占据人类人口的一半，需要重新思考她们的身份。的确，人类不是只顾繁衍的物种。有两个不同性别的创造者构成了人类，其中一个的身体本身能够生殖。这丝毫不妨碍该性别享有自由权、身份权和精神权。不断生产、再生产而不知前路何从，人类应当反思自己身份的两极，让生命的财富在自己的文化中留下印记。

生命的文化

生命的价值远超人能设想的一切物品、财产和富贵。竟然需要意大利人来提醒这一点，不正是人的盲目正在受到抵制的信号吗？面对世上的严重问题，意大利人有时会显得有点掉以轻心。可是，意大利人在意大利女人的伟大帮助下，抗议以牺牲生命为代价的经济发展，要是他们的选择是对的呢？毕竟，在笑对显著危机的同时，意大利的情况仍然好于许多其他国家，而意大利人民仍然懂得表达自己的生存意愿。此外还应表达生命有性，取消性别危及个人和集体的生命。要取得历史性进步，就必须发展一种尚不存在的尊重两性的性文化。

通过把与其性别身体相适应的主体和客体权利重新赋予女性，使一种性或性别对另一种性别施加权力的状况归于平衡，是个纯粹而简单的社会正义问题。

没有由男人和女人共同构成的人类文化，没有与他们各自身份对应的公民权利义务的书面记录，生命权方面的正义就无法实现。从这个角度来看，我们仍处于历史的初级阶段。多么有幸！

1987 年 11 月

为何确定不同性别的不同权利？

克里斯蒂娜·拉萨尼：您曾以多种不同的方式处理问题，为什么现在又把注意力转向了法律[1]？

露西·伊利格瑞：作为哲学家，我对现实和知识的所有领域都感兴趣，以便对其进行思考。在文化史上，哲学与科学直到晚近才分开。方法之复杂，已非人人都能思考。当今科学的超技术化倾向，导致人们造出越来越复杂的公式，相信这些公

---

[1] 克里斯蒂娜·拉萨尼邀请我为《女性权利》(*Il diritto delle donne*) 的第一期做此访谈。这是艾米利亚-罗马涅大区的期刊，在意大利博洛尼亚市发行。

式会越来越接近真理。结果就是，真理未经智慧反思，就连学者自己也不反思。这对我们的文化及其未来都不是好兆头（参见《知识在社会中意义和地位》一书中《科学的主体，性的主体？》一文[1]）。

因此，我一直从性差异的角度关注法律问题。例如，我在《窥镜》的第 148 页至第 154 页，以及第 266 页至第 281 页非常明确地谈到了这一点，在关于柏拉图的整段文字中也有提及。在《此性非一》（*Ce sexe qui n'en est pas un*）中，有两章——"女性市场"和"女性作为商品"——涉及经济权利和社会权利问题。今天，我将更具体地讨论这个问题。不过对我来说，自己的第一篇文章与最后一篇文章是连贯一致的，在法律问题上尤其如此。

为什么要更具体地讨论法律问题？因为自 1970 年以来，我常与搞解放运动的女性或女性团体共事，我观察到，倘若不建立对男女皆公平的司法，就无法解决困难和僵局。不建立这样的社会结构，

1　Tome III, Éditions du CNRS, 1988.

无论男女都会在无限增长的合法或非法诉求中迷
失，不但各自的基本权利得不到保护，世界的混乱
也会加剧。哪怕无能处理自身问题的国家，也要寻
求改善别国的混乱，重建伪秩序。帮助总比任其死
亡好。可这真是在帮忙吗，还是为继续作威作福找
些表面慷慨的托辞？不清楚。而此时此刻最有用的
法律，与我们息息相关的法律，却总是延迟，就好
像在我们的文明几近毁灭时，世界不得不把这混
乱承受下来，只要找到拯救男性身份的解决方案就
好，而不用倾听女性所承载的文明。一切都是为了
无视关于她们的真相。男人们甚至回到了文化的古
早阶段，以各种方式，公然把多少经过他们驯化的
动物作为自己最新的图腾。世界非但没有继续在文
化上进化，反而在最低限度的人类定义上退步：与
时代相适应的宗教不再，作为社会交流工具、获取
或创造知识工具并为人完美运用的语言不再，尤其
在保护生命方面立法不充分，不足以解决私人、宗
教、国家和国际冲突。众神不再，语言不再，熟悉
的文化景观不再……社会团体还能建立在什么基础

上呢？我知道有人会以为，建立普世的决定性时刻已经到来。但会是怎样的普世呢？潜伏着怎样的新帝国主义？谁会为此付出代价？除自然的和谐外，不存在对所有人都有效的普世。任何别的普世都是片面的建构，因此专制而不公。首先要实现的普世是作为人类文化基本要素、对两性都有效的立法。不是说要限制人的性取向。可我们有生命，这表示我们有性别，没有尊重这种差异的横向和纵向视野，我们的身份认同就无法建立。

由于缺乏这样的秩序，如今许多人都在寻找除"人"以外身份定位。人的自我定义基于他的房子或邻居的房子，他的汽车或别的运输工具，他行过多少公里，打了多少场比赛，他喜欢的动物，他独一无二的神，让他以神的名义杀人、蔑视女性，等等。他不关心人的素质发展："没时间……""这是复古！""哦，多么过时……""这都太陈旧了"……不负责任的公民所有这些无忧无虑的消极回应，在我看来都是由于缺乏与真正的公民相适应的权利和义务。由此产生的专制、暴力和匮乏不胜枚举。

克里斯蒂娜·拉萨尼：您讨论"性别化的权利"（droit sexué），一种女性专属的权利。这与传统的"均等"（parité）概念截然不同。因此，您要的不是"法律面前人人平等"，而是顾及男女并不平等这一事实的法律概念。可以解释一下"性权利"这一概念吗？

露西·伊利格瑞：我认为，在某些问题上应该争取平等权利，消除差异。至少从前的我曾这么想过。而现在我认为，如此看似合理的方法其实是乌托邦或妄想。为什么？因为男女并不平等。而平等的策略，如果存在[1]，就应始终以承认差异为目标。比如，有种做法是要求所有社会活动中男女人数相等，以促成其进步。诚然，在某种程度上，这种解决方案是完全可取的，却仍有不足。这样的不足会造成倒退，怀疑男女差异，而女性自身又助长了这种怀疑。为什么有所不足？首先，因为当前的社会

---

1 平等还应存在于法律中，而不应只是简单的策略。

秩序，包括对职业的定义，从性差异的角度看并不
中立。工作的目的和方式不由男女双方平等地确
定，也不为男女双方平等而确定。因此，最多只能
在薪酬问题上实现平等。当然，同工同酬的权利有
理，女性离开家庭、取得经济独立的权利也有理。
有人认为，这足以使她们作为人的身份得到尊重。
我个人并不这么看。这些新的经济条件，会促使我
们重新思考整个社会的组织方式，除非我们能够容
忍女性为了获得起码的自由，不得不服从不属于自
身的文化对其提出的要求。

她们得因此配合制造战争武器或污染工具，或
适应男人的工作节奏，或服从并推动与自身自然语
言不一致的人工语言发展，而这语言会进一步抹杀
她们的特性，等等。这不等于权利平等。事实上，
为了获得自由生活的机会，女人不得不屈服于男人
的生产方式，为男人的社会文化资本或财富添砖加
瓦。尽管如此，她们还是走入了职场，她们的女性
身份在那里又受到了异化。这时候号召女性回归家
庭，不仅会有最反动的人来响应，事实很快证明确

实如此，也会有想要女性身份的女人来响应。我想说，到目前为止，几乎还没有任何工作能让女人像公民一样谋生，而不在只适合男人的处境和工作条件中异化自己的身份。倘若不考虑这个问题，就会在投身于女性解放的人中间造成大量混乱和分歧。在错误上浪费大量时间，来自现存微观或宏观权力机构的愤世嫉俗或无意识行为则大量助长误解。女性自己也会陷入窘境，一方面是她们能得到的最基本社会权利：走出家门、经济自主、拥有一定社会知名度等，另一方面是她们为得到这些最基本权利而付出并让其他女性也付出的心理或生理代价，不论她们自己是否清楚这一点。要解决所有这些不解与混乱，就得承认男女各自享有不同的权利，而且只有当公民社会代表将这些权利编成法典，两性才能确立同等的社会地位。因此，应该优先着手立法工作。

克里斯蒂娜·拉萨尼：能否举例说明当今法律如何为适应男性而制定并演变？又有哪些法律的制定依据了性差异？

露西·伊利格瑞：在我看来，暂时可以对这两个问题给出同一个答案，即女性权利正是由"男人"和"男人之间"据为己有的财产，包括女性的身体，儿童的身体，也包括自然空间、居住场所、符号和图像经济、社会与宗教代表性。

因此，我从今天需要确定的女性权利开始：

1. 享有人的尊严权：

• 身体或形象不再用作商业目的。

• 能在所有公共场所用行为、语言和形象有效地再现自身。

• 自身功能的一部分即母性不再受到公权和教权剥削。

2. 享有人的身份权：

• 从法律上承认贞操（或身体与道德之完整）是女性身份的组成部分，不能贬为钱财，也不能由家庭、国家或宗教以任何方式交易。作为女性身份的组成部分，贞操赋予女孩以公民地位，她们有权保留贞操（目的包括维持自身与神的关系），想保留多久就保留多久，有权依法起诉家庭内外侵犯其贞操的人。确实，在我们的文化中，男人之间已经很少用女孩做交易，但在很多其他地方，女孩的贞操仍是交易对象，人们尚未重新思考或定义这种身体可以被男人用来交换的女孩身份。女孩需要作为个人、作为社会公民而能够参照的积极身份。女孩的自主身份，对女性自由进入恋爱关系，进入确保女性不被男权异化的婚姻制度也很有必要。

关于婚姻制度的法律也应修正，特别是未成年人婚姻。目前，法律允许家庭、宗教、国家监护婚姻伴侣，尤其对女性，允许她们远未达到法定成年年龄时就结婚。我认为，有必要降低法定婚龄或提高民事成人年龄，不让婚姻成为一种事实上不文明的制度，即配偶彼此无法负担法律责任。

这些权利能使女性权利问题走出单纯的刑事制裁，走向民事合法性。比如，我想到针对强奸、乱伦、非自愿卖淫、色情制品一类诉讼，其目的总是为了惩罚有罪的一方，而不是为促进公民社会保障适合女性的积极权利。无论是对女性，还是对两性关系而言，把受到损害的女性置于单纯的原告地位都是不可取的。如果存在女性的公民权，那么一旦发生强奸或其他侵犯女性的暴力，受到损害的将是整个社会；这样以来，整个社会才是原告或共同原告，以控告对其成员之一造成的损害。

• 孕产权是女性身份的（非优先）组成部分。如果身体涉及法律问题，而事实上确实如此，那么女性的身体应该由民法确定为处女并可能成为母亲。这意味着母亲在民事方面有权选择是否怀孕，以及怀孕次数。应该由母亲或她授权的人去民事登记处登记孩子出生。

3.《民法典》应该确定母亲与子女间彼此的义务，使母亲能够保护自己的子女，并依法得到帮助。在涉及乱伦、强奸、殴打或绑架儿童，特别是女童的案件中，母亲应该能以公民社会的名义提起诉讼。应建立不同条文，分别列出父母各自的职责。

4. 女性有权捍卫自己和子女的生命、家园、传统和宗教，有权反对男权单方面做出的任何决定（包括与军备和污染有关的决定）。

5. 严格的财务层面：

• 独身不应受惩罚性征税，不应被惩罚性收取费用。

• 国家分配的家庭补贴应平等地给予每个孩子。

• 电视等媒体现有的男女等值税收，应对女性减半。

6. 改革语言等交流体系，以确保男女享有平等交流的权利。

7. 女性在所有民事和宗教决策机构中享有平等的代表权，因为宗教也是一种民事权力。

克里斯蒂娜·拉萨尼：也有女性提出理论，认为女性之所以在法律面前像外人，像生人，是因为她们对法律主题缺乏兴趣。您怎么看？

露西·伊利格瑞：在我看来，这种立场是对当前承认女性身份的现实状况分析不当。我也能理解，为什么由男性公民——他们利用法律时往往不在乎女性权益——监护而并不享有同等公民权的女性会忘记法律这一社会组织的基本层面。我更能理解她们，考虑到从前存在女性权利时，一般都没有成文法记录这些权利，也没有到了父权社会才大量出现机构那样的实施力度。可女性权利确实存在过。女性管理社会秩序的时代，并不像人们所贬低的那样混乱。女性权利的特点包括：

- 财产和姓氏由母亲传给女儿；
- 延迟传承时姐妹与幼子享有特权；
- 神性和宗教于亲子关系之重要；
- 视出生地为母国；
- 尊重本乡土地与神灵；
- 尊重自然产出的食物：先吃水果，后吃谷物；
- 尊重生命节奏、光照周期、季节和年份的时间性；
- 以爱与和平为基础的崇高道德标准；
- 人类所有成员的共同体；
- 女性负责以结盟和解决冲突方式仲裁；
- 与艺术相连的符号体系。

从约翰·雅各布·巴霍芬的著作中，还有米尔恰·埃利亚德对印度仍存在的原住民文化的描述中，都能找到这些女性权利的要素。参考资料还远不止这些。而他们提供的参考书目也能引导研究方向。我特意选取男性的著作，以表明男性理论家也认可这一现实。

我认为这些权利符合女性的主体性，为确保如今它们得到尊重，还是要回到成文法。如若不然，法律的实施将继续损害女孩的利益，因为她们从出生起就被自己的谱系所异化。此外，我认为应该由女性建立一种社会秩序，靠她们自己的符号、图像、现实、梦幻来发展自身的主体性，也就是通过客观手段实现主体交流。

克里斯蒂娜·拉萨尼：采访的最后，请问您对那些对法律感兴趣的女性（以及男性）有什么建议？

露西·伊利格瑞：优先保护自然本身，使人人都能生活其中，靠劳动获取粮食，而不搞投机和异化的干预。

确定关乎每个人生活的基本权利：女人和男人、女孩和男孩、母亲和父亲、男女公民、男女劳动者，等等，就从女人和男人开始，或者，如果策略上必须优先确定其他事项，至少要保留这种差异。

减少由一人或少数人管理的团体与社会的权利，因为人们所期待的那种民主本身尚不存在，其原则也有待质疑，考虑到时代背景，它仅仅由男性定义并实施。

重新定义并实现确切的居住权乃至私有财产权。男女、儿童需要居住地，这必需品、这愿望、这合法投资不应被环境污染（汽车、飞机、吵闹的机器，等等）、不安全或有缺陷的建筑、在原本不适合的环境中建设房屋的许可证所蒙骗，从而被剥夺光线、空气、宁静，以至年老居民由于不动产缺乏法律保护而被迫处于半流浪状态。

减少金钱的权力，特别是减少与富人或穷人一时冲动的欲望有关的附加价值的力量（房产中介就是这样对无依无靠的人搞投机，使人相信较小的居住空间因为购房者特别想要而卖得更贵，尽管他们清楚地知道事实并非如此），回归基于产品价格和生产方式选择的有效交换（这意味着回归更自然的生产方式，在关系到土地、太阳、空气、海洋或人体的资源方面不加速生产或过度生产）。

质疑现行法律的起源，特别需要考虑到女性真正拥有公民权利的时代，考虑那个被人荒谬地归于史前的时代。由此反思现行司法制度中需要修正之处，提出保障自由选择的民事概念和宗教概念可同化或可区分的问题。

1988 年 3 月

"要更女性，不要更男性[1]"

露西·伊利格瑞：我很欣赏你在文章《中性思想者是女人》（Le penseur neutre était une femme[2]）中的坦诚，你对自己的质疑。我想你会让很多女性明白，她们是怎样在不知不觉中行事。这表明，你对自身经历的描述——从"中性"到"女性"转变——不仅是你个人的故事，也是我们的文化中许

1　米兰女性书店（Librairie des femmes de Milan）发表在1985年《绿色颠覆》（*Sottosopra vert*）上的宣言。路易莎·穆拉洛也属于该团体。露西·伊利格瑞采访了路易莎·穆拉洛。

2　*Cf.* Le sexe linguistique, op. cit.

多女人的故事。你的觉悟和公开陈述，能使"中性"地位不再被一锤定音地宣判为女性解放的唯一途径。因此和你一起，我也想走得更远，因为我们的信念已经足够明确：我们必须是有性别的女性主体。这也是个伦理问题，关乎其他女性、母亲和姐妹、自然和精神。这必然性不仅是经验的，也是抉择，主观上选择成为女性。就此必然性，我想针对你在该文或在其他公开场合发表的一些言论提几个问题。

你和其他一些女性一起，要求获得女性身份的"垂直性"权利。能否解释一下这项要求的含义，以免混淆男权文化对该词的理解？换句话说，能按照你文章里某些段落的说法，解释一下你对该词的理解吗？

a）女性进入谱系的权利，你解释说，你被剥夺了这一权利，这既造成了你自己的痛苦，也使你无意中不公正地对待母亲和其他女性？

b）女性拥有适合自己的精神未来的权利，这种权利应与她们的性身体相协调，不应以所谓普世和中性的真理名义剥夺这种权利？

　　换句话说，能否解释一下，在你看来——以及在我看来……女性解放，不是在当今剥削她们的文化中成为"女超人"，而是要发现自己的身份，这种身份不可简化为母性、"像男人一样"，或成为高性能的小小机器人？

　　路易莎·穆拉洛：垂直性作为必要维度的观点来自卡拉·隆齐（Carla Lonzi）[1]（正是她谈及女性性别的超验性），西蒙娜·薇依（Simone Weil）的《笔记》，还有你的《性差异伦理学》（*Éthique de la différence sexuelle*）。垂直性与菲勒斯相关的含义常使我们忘记，垂直也是太阳能、重力、树的汁液流动、植物生长的方向。当然，你多少用了比喻的说法，从你的话中，我经常发现双重含义。像其他女人一样，也许像其他每个女人一样，我也是怀着长

---

[1]　《我们唾弃黑格尔》（*Sputtiamo su Hegel*）一文正是这位意大利女性写的。

"大"的愿望来到世上的，诚然，这意味着成年，但不仅意味着成年。我发现在这个社会里，除生理上的成熟外，所有"大"的概念似乎都属于男性。这使我对自己的欲望和女性身份感到困惑。我无法把这两者结合起来，更不用说让它们相互孕育了。

我现在的工作就是在女性身份和女性可能拥有的欲望之间创造这种丰富的循环。比如，我想努力创造一个社会，其中的女性可以对知识爱得崇高而具体。但这超出了我们理所当然地认为每个女性都想获得的最低限度解放。我希望自己和别人都能获得植根于女性身份的自由，而也许很多女性已经不再追求它，或从未追求过它。我们必须明了这一点。

露西·伊利格瑞：在我看来，1985年在米兰发行的《绿色颠覆》把"自在"（l'aise）定义为女性解放的目标，既有现实意义，同时又勉强而天真：

a）在社会中，总得做出妥协。社会很少是个自在的场所。共处要求相互尊重和关怀。

b）如果不变革语言和再现系统，女性就无法自在，因为它们仅适合男性的主体性，适合男人之间的"自在"。我提出这些问题，显然不是要否定你的做法，因它把勇气带给许多女性。我是想请你们，也请我们继续努力，同时认识到如果不改变作为文化手段的语言和（多少是具体的）图像，女性就无法拥有社会自在。为了使女性得到社会的尊重，同时相互尊重，那么语境和再现环境就得给予她们与男性同等的媒介和主体权利。否则，她们就会从属于男性身份，即便在她们想象中的暂时自在之处，她们也会因为缺乏自己的主体性而不断侵犯彼此。我想你会同意我的观点，即有必要实现上述变革。如今，你已经开始在大学教学中实现这些变革，请讲讲你是怎样做的？

路易莎·穆拉洛：《绿色颠覆》所指的"自在""自在于世"意味着不再以陌生人或仆人的身份在这世上，而是作为女性（女人、女主人）活在自己家中，活在自己之内。正如你所指出的，要实现当家作主，而不基于金钱或武器等主宰手段，就必须做出改变，尤其在符号层面。

有个简单的观察结果凸显了这些变革的必要性：女性解放运动开展二十年来始终蓬勃，但人们仍常将其理解为女性想要成为像男性一样的人。这不对，却"好像如此"，因为它符合所有领域的主流范式：从如今正在兴起"机会均等"的政治领域，到要求女性担任神职的宗教领域。无论反对者还是支持者，都将女性要求担任神职理解为女性要求像男人一样，而不是社会对女性有媒介需求，她们中有人自觉应以担任宗教职务的方式来回应这种社会需求。

我正在努力实现你所说的改变，与这种对女性意愿的系统性扭曲作斗争。当这样的扭曲来自男人时，我不会与之斗争；我更愿意把这项任务留给别人，不论男女。只有当它在女人的大脑（精神？）中酝酿时，我才更能与之斗争（我故意用这种好战的说法）。确实，思考差异有时会在女性精神中唤起交叉战争，既渴望自由，又怕与男性起冲突，既渴望脱离男性，又怕不得不为自己做主。在这场斗争中，我使用最适合我自己的手段，我的做法不直接针对语言或普遍的符号系统，但我支持这些做法，因为我认为它们有用。我偏爱的做法是可以赋予女性权力的社会实践，比如"*affidamento*"（依赖）[1]、不对等实践、女性隔离社区、同性恋实践。在大学里，我朝这个方向努力：生产一切必要力量，克服"好像如此"，以便能够认识和说出真相。

露西·伊利格瑞：因此，女性解放需要迈出决定性而激动人心的新步伐：把文化理解为一种解放性或压迫剥削性的生产手段。你是否同意这种政治分析？对我们来说，问题不同于单以拥有物质财富为平等基础的观点。还需获得正义和精神财富。你怎么看？除教学外，你还有别的方法来实现这一狭义经济与文化的经济不再割裂的新历史吗？

路易莎·穆拉洛：你提的主题对我们这里有限

1　两个女性间信任关系的实践，年轻女性要求年长女性帮她满足一件自己想要做的事。

的篇幅来说过于宏大而激动人心。如你所知，西蒙娜·薇依比我们先走上了这条路。据我所知，迄今为止，没有人像她那样深入思考过如何将物质经济与精神财富的结构联系起来。我认为，我们的前辈还包括恩里科·贝林圭尔（Enrico Berlinguer），他多年前就提出了你所说的那种政治转向（但没有成功）。

我们能且必须继续这条找寻的道路。我们比前辈拥有更多资源：女性政治运动。女性政治本身具备一些超越经济主义的要素，例如强化主体性、关注量的差异，以及承认符号的重要性。在经济主义的模式以外，还有女性经验可以为我们所用，当然，前提是从内部将其转化为知识与社会能力。

最后一个关于方法的问题，我无法回答，因为我还在思考。

1988 年 1 月

你的健康是什么，是谁？

如何定义女性健康？当今社会中，几乎没有什么允许她们成为有性的女性主体……那么，该如何确定她们状态良好呢？她们是不是常常生病？可能吧。可是，如果她们没有任何场所可以自我肯定为"我"，反而不得不时时刻刻忍受来自他人的肯定——言语上、形象上、行为上，特别是将其自我作为商品——她们又怎么可能不生病？尽管我们的社会普遍不再索要女孩的嫁妆，但女性的身体照样被放在艺术、工业、广告和媒体市场出售，这样的交易有政府担保，而道德和宗教权威则对此保持沉默。

在女性健康方面，还有个问题非常难以解决。如何把女性分娩时经历的自然痛苦与社会强加给她的人为痛苦区分开来？我认为，大多数女性仍在独自经历分娩[1]，没有人允许她们把分娩当作主题来谈论，但另一方面，她们仍因作为母亲即受过苦而有价值。人们这样定义她们的身份，并使其传递下去，而她们只有将它当作报复来忍受：要做女人，就必须受苦。

不用受苦而成为女性

最近有位年轻的意大利朋友对我说，母亲都有点刻薄。与几乎都做了母亲的年长女性共事时，她会害怕并受伤。她吐露的隐情不无道理。我不会称其为男权制，再次强调，男权制无视性差异，把男性模式用在女性身上。我认为，这源自经受了生育

1　更不用说失贞了，还有多数时候的性生活，由于不存在性文化，很多女性对此缄口不言，而忍受着生理和精神上的折磨。

痛苦的女性未被社会赋予存在权。从女性的角度来看，这似乎是踏上痛苦的不归路。至少大多数女人从未自这趟旅程返还。她们于是让别人为其付代价，有点像受到轻微或严重创伤之人的心态。女性只有在谈论自己的孩子时才相遇，在我们的文化中，女儿只有在经历这场磨难从而加入母亲的行列后，才和母亲相遇。

诚然，母性带给女性许多幸福。它也包含着痛苦，分娩的痛苦被公认为身体可以忍受的最大痛苦之一。如果做母亲成为做女人的唯一标准，那么恋爱关系中的痛苦、女性道德上的痛苦等等，都能用分娩的痛苦来解释。她们的"受虐狂"和忍耐力为这一切担保。事实上，当今的文化仍然让她们别无选择。"受虐狂"指的是把针对别人的攻击转为针对自己的攻击。女性难道不该反过来攻击别人吗？

但这个来自男性的称呼适合她们吗？也许应该设想另一种女性身份，使母性的痛苦和欢愉不再是其身份认同的标准？

如果女性主动选择分娩，还有一位或多位女性支持她们讲述这段各种意义上甚是艰难的经历，那么分娩的痛苦相对来说也能够容忍。可如果做母亲是强加的不可避免的命运，是什么"原罪"的后果，那就是剥夺她们的主体权利，是针对女性的不公正，不可容忍。

几乎完全用母性来定义成年女性，造成人们对人工生殖领域的进展反响极大。这个问题卷入了太多资金，吸引了太多关注。我们的时代还有许多其他问题需要解决，特别是女性地位的问题，不育夫妇想多生一个孩子的问题不在其列。愿受不育折磨的人们原谅我！还有许多孩子在寻找亲生父母或精神父母。如果生育是种慷慨行为，那么这就是施展慷慨之处了。

诚然，人工生殖会引发大量科学和伦理拷问。因此，人们不可能对这话题无动于衷。它的好处有时还在于，证明不孕不育并不像人们长期以来一直认为的那样，仅仅是女性的问题。我还认为，科学家还自觉或不自觉地将其视为自身超越创世神的一种方式，有的女性则将其视为摆脱男性的一种手段。所有这些解构社会模式的操作都进行得太快，人们对其缺乏清醒的认识，没有定论，没有建立更好的价值观。这些操作不顾那些因此降生于世的小生命，而他们首先需要生在一个适宜居住的世界上。改善自然和精神生活环境，合理地管理生育，在今天并非坏事！在我看来，质疑腹中孩子的未来，而不是盲目套上生育的枷锁，此乃我们这个时代的一项精神任务。学会爱自己，爱自己的性别，爱异性，爱彼此造的人，不论那是特殊的，还是共有的，难道不是此时此地实现一点社会意义最起码的做法？

思想是一种药

最近，学校以实验室培育的形式向青少年传授性知识，提前让这些未来的恋人厌恶爱，厌恶自己。我们到底何时才能教会他们爱？爱不能简化为分析生殖器官，它至少关乎两人之间的情感。何时才有这样的文学课，让学生给未婚夫或未婚妻写封信？或者绘画课，让学生画出梦中情人的轮廓或面容？或者在学校搞展出，陈列学生们亲近、喜欢、爱慕的男孩女孩照片？爱或许需要私密，但也需要社交与文化来维系和发展。那么，公民教育何时才能传授促成并支持爱的语言和图像？这很容易做到，而且成本很低！此乃人类有序成长所必须的进步，女性和少年儿童尤其需要这进步，因为数世纪以来，世俗一直禁止他们学习爱。同时男人也需要学习爱，每个人都可以为社会变革做出或大或小的贡献，用弗洛伊德和马尔库塞的话说，这样的社会变革把更多机会留给生命的动力，而不是死亡的动力。

我认为，女性的健康问题首先是源自缺乏自我肯定，由自己、为自己而把自身定义为主客体的行为受到禁止，或做不到。她们被剥夺了统一其身体活力的主体秩序。只有当个人的、精神的计划或目标组织并激发身体活力时，它才会健康。一旦缺乏这个维度，自然会生病、多病、产生混乱，找不到有效的医疗解决方案。如果我们只是体病医体，还有可能失去真正治愈疾病的机会。

为了保持健康，女性自己也要发现自身的性身份。还要在性差异中互惠互利，无论其关乎爱情、文化、社会还是政治。人类由两种不同的主体身份和他们各自的客体或目标构成。主体权利和客体权利的分配如此不均，极度病态而致病。发现自己的性身份，是女性主体实现"自我治愈"的第一步。她们至少需要：理解问题的严重性，寻求解决方案时友好并相互尊重，获取严谨的文化信息，不时求助于心理治疗。因此，有必要培训女性成为治疗师！

1988 年 2 月

如何创造我们的美？

看着女性的作品，我常为她们所表达的近乎恐怖的心碎而悲伤。

我很想欣赏女性创造的美，却发现自己面对的是忧伤、痛苦、激愤，时而乃至丑陋。我原本以为艺术创作时很幸福，很放松，能缓解日常生活的纷扰，是统一、交流或交融的时刻，不想其竟会造成额外的痛苦或负担。

我认为女性绝对有能力创造美，我自问，她们为什么要展现这些令人痛苦的折磨？我想到了一些原因。我想把它们表达出来，使女性能在自己的作品中表现她们所能表现的美。

1. 我就是这些女性的一员。虽然我避免书写或展示丑陋之物，但我确实常常揭露痛苦的现实。我尽可能用优美的文字来揭露，希望缓和这样的揭露可能造成的无依感。揭露消极之事的同时，也尽可能发现或定义积极之事。我也因此受到批评，包括来自女性的批评，她们往往只会认识到自己的缺点和不足。

就个人而言，我对暴露消极面感到遗憾，但从女性的角度看，这种做法积极也有必要，因为它揭示了本应隐藏的东西。

因此在女性这里，公开苦难是求真的做法，也是个人、集体宣泄的行为。被迫对自身经历保持沉默的女性，只能将这些经历转化为身体症状，失语、瘫痪，等等。敢于公开表达个人与集体的痛苦具有治效，可以减轻身体负担，进入另一个时空。这并不是自动的，但对有的女人来说可能就是这样。女性作品中显而易见的心碎，与希腊悲剧中戴着面具、受制于命运的人物不无关系。他们有的衣冠不整，尤其是女人，衣衫褴褛，赤身裸体。她们甚至没有完整的皮肤来保持身体的完整，甚至没有母爱来保护她们作为女儿和处女的身份。

2. 作为女性，我们生儿育女。普天之下还有什么比（身体的与精神的）生儿育女更非凡呢？这项专属于我们的创造是如此奇妙，以至于所有其他工作都显得次要，包括教育孩子的工作。可女性的造人伟业却被转化成生殖职责，尤其得生男孩。于是，女性这寰宇最伟大的创造者，竟成了伺候男性社会秩序繁衍的仆人。这项杰作的荣耀，留给她们的往往只剩下生育"劳动"的痛苦以及做母亲的疲惫。此外，父权制文化秩序只准她们负责生育，禁止她们创造，或让她们无力创造。就生育而言，这项创造之美，由于女性在当今男人之间的文明中不再享有创造精神价值的公认权利，而难以定义为美。

3. 因此，女性囿于不适合我们的形式秩序中。为了生存，我们必须打破这些形式。从强加的规范中解放出来，可能会导致不同的结果。

• 要么，由于想要摆脱压迫我们身心的东西，我们同时也毁灭了自己。我们没有给自己第二次生命，而是自取灭亡。

• 要么，我们冲破形式的牢笼和枷锁后，发现了自身的肉体残余。在我看来，色彩是超越形式、超越真理或信仰、超越已知欢愉和痛苦的生命残余。色彩还表达了我们的性本质，即我们的化身中不可还原的维度（参见前文所引《性和亲缘关系》中"肉体的色彩"一章）。当我们的一切都被剥夺了意义，留给我们的就只剩下颜色，各种颜色，尤其符合我们性别的颜色。不是无生命或生命性存疑的（例如石头）中性的黯淡颜色，而是我们身为女性而带有的颜色。色彩也存在于自然之中——特别在植物身上——它们表达了生命、生命的发展以及日复一日、季复一季、年复一年的演变。在我们周围的世界上，色彩也表达了生命的性本质。

• 要么，女性最终摧毁了规定好的形式，重新发现了自己的天性和身份，还能找到自己的形式，并作为自己而绽放。而女性的形式永远未完成，永远在成长，因为女性在自己的身体里成长、绽放、孕育。不过，不应根据男性世界的贞操形象，把女性简化为单一的花。从她自身纯洁的角度看，她永远不会以一种形式来完成。如果她保持与自己、与生命世界的亲密关系，她就会不断成长，一次又一次"开花"。

4. 男人之间的文化剥夺了我们透过图像表达意义的能力，而这很大程度上正是我们的女性和母性天赋。女人的孩子可以看作正在运动、进化的无数图像。它不是抽象或任意的符号。对我们女性而言，这些图像的意义具体、亲切，与自然，与可感知的形式相联系。它们也在演变，就像我们的身体、我们孩子的身体、我们爱侣的身体以及生命世界的身体。在女性参与公民和宗教生活的历史时期——通常被称为史前时期——文字符号有一部分仍是具象的，而不是抽象、任意、信用的。这些时期的女性是女神，而不仅是母神——后世所能容忍的唯一女神。这一点尤其体现在女神的美貌和她纤细的身材上，她们的性别标志是三角形（与母神相同），留着唇印，而这痕迹后来消失了。她们的神性并不因为她们可以成为母亲，而是因为她们的女性身份，而张开的嘴唇则是决定性的表达。

由于敏感的再现是女性首选的表现与交流方式，失去上述神圣的再现，结果是更大的无依感。我们无法描述自己、表达自己、彼此表达。母亲和女儿从此分开，她们失去了在彼此尊重中交流的媒介。她们从此屈从于自然和精神的繁衍秩序，该秩序由男人用符号进行管理。

在我看来，我们能且必须重新发现我们作品的原创性。在对我们自己、我们的世界、我们之间的横向和纵向关系进行敏感的表述时，原创性尤为重要。这样的创造自然符合我们时代这个灰暗、抽象、撕裂世界的需求。即使这个世界拒绝承认我们的作品有必要，我们也能且必须完成创作，此乃女人和母亲对世界的自然生活以及精神生活所做的贡献。本着这样的初衷，我们作品的美，助我们在保持自然的同时，从自然走向精神。这不正是我们的天赋所在吗？

1988 年 3 月

你多大年纪了？

你多大年纪了？这个问题似乎令人生畏，在我们的文化中，年龄意味着变老。年龄增长，也就是年老一岁。因此，除去长大成人的那几年，年龄问题始终是日积月累而变老，还伴随着机体的消耗与衰退。

你多大年纪了？基本上绝不能这么问女人，这有可能冒犯到她。事实上，只有在青春的年岁，或出于另一原因，也就是当其有可能怀孕时，她才会讨人喜欢，令人向往。

该如何理解这种年龄概念？它至少缺少两个

维度：

（1）我的年龄与宇宙时间的关系。我生命中的一年代表春、夏、秋、冬。在这些季节里，会发生很多事情，无法归结为单一事件。没有任何日子、季节、年份彼此相似。它们的进展不等于简单的加成。观察一棵树，会发现它在一年中形状会发生变化，不一定衰萎，也可能生长：大小、枝条数量，等等。人比植物多出来的是意识。他们的大小、成长也在精神层面。随着季节，人每年都会更新，与前一年的变化既一脉相承，又有所区别。年长一岁，意味着在成长的道路上更进一步。

显然，生活在城市景观中，会让我们忘记植物世界所代表的时间尺度。在城市里，一日的时段几乎没有季节性变化。除了星期天和节假日，城市的节奏全年大致相同。此外，食用工业化产品或外国进口产品，也导致我们忘记了日子、季节、年份的时间性。从这个意义上说，一年等同于365或366天，而年长一岁，则成了积累重复而几乎相同的小时、天数、年份。

没有进化的重复使人厌倦、疲惫、退化。每个生日标记一个"成长却不成为"的阶段，要么就是多少缺乏意义和联系的、相当抽象的事实总和。这些事实的关键不再是庆祝生日的个人。商业经济掌握着部分关键，个人往往不过是承受这些事实，即便他们能从中获得次要的乐趣。

（2）女人的生命的不可逆转性。人们忘了它比男人更不适应我们当前环境中重复、累积、熵性、很大程度上不演变的取消型经济。事实上，后者的时间节奏多少与传统男性性爱模式相吻合。这并非唯一可能的模式，但在我们的文化中却几乎成了唯一的模式，弗洛伊德将其描述为两性间现存的唯一性模式。它根据热力学的两个原则运行：（累积的）紧张、释放，然后恢复平衡。

女性的性欲并不符合上述结构。它更与未来的"成为"有关，更与宇宙的时间有关。

也就是说，女人的一生不能简化为一系列相加或相抵的事件或行为。女人的一生以不可逆转的事件为标志，这些事件决定了她的年龄阶段，从发育

（这是男孩也有的现象），到开苞、受孕、妊娠、分娩、哺乳。这些事件可能会一再发生，但每次都表现得有所不同：身体和精神都有了变化，也都在进化。此外，还要做母亲，教育年幼的孩子，由于女性参与抚养过程更多，她会不断接触到孩子成长的各种问题。

在此期间，女性会经历月经，而月经总是与宇宙时间、月亮、太阳、潮汐和季节相关。

最后，绝经期标志着女性身心发展的另一个阶段，其特点是不同于前的荷尔蒙平衡，与宇宙、社会的不同关系。这通常被定义为女性生命的终结阶段，同时又是她终于有时间参与社会、文化、政治生活的阶段。

因此，生日不能简化为又过了一年，某种即便不消极却也无进步的总和。对女性来说尤其如此。除非她们放弃自己的天性，否则她们生命中的任何事都不会是 1+1+1……的累积。她们永远处于成长状态，包括生命最后的阶段，此乃女性的身体使然。

因为衰老的缘故而不得不承受年岁增长，相当于忘了生为女人的幸运，诚然，这样的幸运无疑要求我们培养复杂而多面的精神。女童、青春期少女、恋人、母亲或四十五岁及以上的女人，精神世界都不相同。也许正是由于这种精神成长之复杂，才导致女性身份被不负责任地简化至对个人、物种、社会的再生产功能。这样矮化、简化和取消主体，伴之以男人之间交流为中心的文化发展，特别是狭义的经济交流。至少在我们这个时代，这种做法受到一神论宗教的鼓励。

怎样才能摆脱自身主体的瘫痪或毁灭？怎样才能保持并培养女性身份？

从自己的女性生活中，我所发现对精神进步最有必要的可以概括如下：

· 即便生来就是女人，我也必须成为与这女性身体相配的精神或灵魂。必须让我的女性身体绽放，赋予它形式、言语、自我认知，在自身与环境的关系中实现宇宙、社会的平衡，拥有与别人互动的手段，而不仅仅采用不适合女性身体的诱惑手段。

• 贞操和母性有着属于我自己的精神维度。这些维度已被男性文化所殖民：贞操已经成为父兄和丈夫间交易的对象，成为男神化人的条件。今天，贞操必须重新被视作女性的财产，视作她们有权享有并对其负有责任的自然和精神财富。

所有女性都应重新发现贞操，将其视作她们的身体和精神财富，重新赋予她们个人和集体的身份地位（还应尽可能在与母亲的关系中保持忠诚，以摆脱男人之间的交易）。母爱也应从精神层面而不仅仅是物质层面来看待。这也许更容易想象和实践，除了在母女之间？

女性应该培养双重身份：处女和母亲。人生的每个阶段都是如此。因为贞操就像女性身份，不只是我们与生俱来的东西。毫无疑问，我们生来就是处女。但我们也应成为处女，把我们的身体和精神从家庭、文化等束缚中解放出来。在我看来，成为处女意味着女性对精神世界的征服。并非总是为了得到更多，也为了能够少要一些。这意味着更自由，摆脱自身的恐惧，远离他人的幻想，从无用的知识、义务和财产中解放出来。

想要做到这一点，一辈子也嫌不够！年岁的增长能让我们经历不同阶段，让我们更加自由，以确保我们的身份最终实现。

1988 年 4 月

言语的代价

近年来，关于劳动报酬、薪资是否公平、是否充分的讨论不绝于耳，工资所处的广义经济背景却少有关注。我将从性差异的角度来探讨这个问题，即涉及性差异时，严格意义上语言与工作间的关系是什么？

我想无需提醒，男女间"同工同酬"的理想远未实现，工作和报酬不对等的情况甚至会导致薪资标准的倒置，即更难、更长时间、做得更好的工作意味着更低的报酬。因此，这种通常是无意识的、性别歧视的意识形态影响着狭义的经济。该意识形态通过语言传递。它不是自然的唯一现实，不像天真的文化为了维持现状而让我们相信的那样。它只是在表面纯粹的经济主义下继续运作的社会分工模式。女性承担无偿的生育和家务劳动，男性承担有偿的生产劳动，在社会明显取得一定变革的情况下，这样的分类仍在发挥作用。适合女性或男性的工作定义，远非仅仅基于简单的身体素质，此外，没有理由让一种身体的工作比另一种身体的工作报酬更低。所有反种族主义的斗争应该已经教会我们如此真理，即便对女性来说，用示威的方式来表达自己很是残酷。可是，性别歧视是最无意识的种族主义，在其凸显之前就带上了重重矛盾。例如：

• 男人是当今大部分文化的创造者，并希望成为其管理者；然而大多数情况下，都是女人在传授文化，因为这项工作被看作母亲的工作而留给了女性，报酬也因此很低[1]；

1　参见《一位女教师的信》(*Lettera di una professoressa*)，意大利国际共产党国内总部妇女部的文件。

• 如果某个女性是所谓的"优秀劳动力",她因生孩子而缺席的几个月时间,相对于她平日的产出,并不会给公司造成多大损失,因此解雇她,从经济上看并不合理;

• 男性获得更高报酬的体力借口,很多时候并不符合现实:女性也从事需要大量体力的农业工作;生产需求正向不需要大量体力的工作演变;在与我们有所不同的文化中,女性从事的工作类型,等等。

工薪不匹配的例子有很多,且越来越多。然而这种不匹配还在继续运作。这意味着在所谓的社会秩序下,有种隐藏的暴力形式。

狭义经济中这种意识形态势力或打击会干涉以下决定:

(1) 对男女员工的聘用;男女员工的裁员率和裁员理由,更不用说工会组织的差别反应;不同的男女性别失业率。从盈利或收益的角度看,雇主基于性别的选择标准没有任何合理之处。女工普遍更认真,效率更高。她们更少酗酒,更少吸毒,一般也更少犯刑事罪。雇主为什么要做违背自身的利益的选择呢？

（2）准许女性从事的工作。身为女性是获得专业资格的障碍。绝大多数女性从事无技术含量或技术含量较低的工作。只有极少数女性获得最高级的职业资格，有的还为此付出了高昂代价，要么为了获得高职而接受以种种方式出卖身体，要么为了体现称职而放弃自己作为女性的特质（在这种情况下，她们不再是以女性的身份获得该职位）。

（3）贬低从业者多为女性的职业部门的价值，无论这些部门在社会生产或再生产中利润几何：农业、工业、文化部门。

此外，还有其他关于工作环境的重要问题：

（1）有关如何组织工作的法律一般仍由男性决定，女性则应适应这些法律。然而，我们可以看到，这些法律不仅关乎生产需要，也关乎不经反思的文化价值观。比如，工作时间尤其体现了偏爱男性劳动力的工作组织方式，他们的妻子则在家中当仆人，带孩子。同样，且不说一直没有通过男女分工解决的育儿的问题，许多杂货店的营业时间也是女性工作的时间，她们因此无法进行采购。再比如：水管工和电工的工作时间与其他人相同，只适合于家庭主妇而非职业女性的需要。又比如：某些生产部门规定了夜间工作时间。诚然，如果女性愿意，她们也有上夜班的权利，其间带孩子重任也能在父母之间分摊。可是，夜间工作是否真的有益于人类的现在或未来，或者它是否仅仅代表经济竞争问题，与亟待解决的社会问题（尤其是性别差异问题[1]）相比，经济竞争根本是次要的？

（2）关于生产什么的概念和决定往往仍服从于男性权威。我们已经承认人人都享有工作权，此乃人类需求和尊严的组成部分，那么在生产的性质方面，为什么人类的一部分要服从另一部分的选择呢？生产武器、维持或加剧污染、毫无价值的物品充斥市场，这些鲜少是真正由女性决定的结果。她

1　这些问题可参见意大利国际共产党关于妇女劳动的文件：*La carta itinerante* (1986), *Il tempo delle donne* (1988), *Le donne cambiano i tempi* (1990)。

们的选择更关注维护和平、健康的环境、符合生活必需的财富水平，以及人道主义选项。金融集团和军事集团的选择，建立货币霸权或国家霸权的欲望，对女性而言很是陌生。同样，因竞争目的而导致的产品泛滥，对这样的商业竞争，女性也不大感兴趣。并不是说她们没有能力去竞争，她们已经通过模仿或尽信广告而这样去做了，而是说她们更愿意生产每个人所必需的东西。又比如：选择休闲节目，更具体地说，是对媒体的选择，也取决于男人之间的文化。男性体育占据大头，电视频道会毫不犹豫地从面向两性的文化节目转向足球比赛。然而，女性支付的电视费用与男性相同（更不用说为建造各类体育场馆而投入的数十亿来自男女纳税人的资金），但这些节目并不适合她们。同时，男性日常从军事、暴力、色情电影中满足幻想，而女性对此毫无兴趣。因此，成本代价与可选产品之间存在差距（就连公共频道也是如此）。这种严格意义上的经济不公正与维持平等主义假象的政策相辅相成。这意味着如今在学校里，在媒体上，女性还在为她们的异化说话。例如，为了进入劳动力市场，她们这样教导人们：男性文化才普世，男性性别更有价值，历史上伟大男性的比例远远高于伟大女性。她们不能决定自己所遵循的教学内容，因为她们不担任领导职务，无法做出这样的决定。可是为了谋生，她们成了经济和男人之间文化的人质，而这种文化除了抹杀性别差异之外，根本不普世。当女性获准进入社会生产循环，就得在不尊重她们的身体与道德人格的条件下工作（生育权、适合自身的工作时间权、从事与自身身体和身份相符的工作权）。

（3）工作场所的准则几乎都以自然语言来制定，通过话语内容或风格，有意或无意地强调男性主体（军事词汇难逃其责）。这种男人之间的文化对职场女性身、心、主体间造成的后果并无代偿，甚至不经思索，不被看见。然而，只要从数量上和质量上进行调查，评估女性身份在纯男性文化环境中的演变情况，就能了解她们付出的代价。我已经开展或协作开展了多项关于（不同）语言的调查。我正与各团体共事，继续这项工作，将数据收集工作扩展到其他领域：爱情、健康、家庭关系、文化关系，等等[1]。女性进入由男性管理的工作领域，付出的代价与目前任何劳动者使用对他们来说有些陌生的语言（例如计算机语言）时付出的代价很相似。在意大利，为工会和治疗师工作的知识分子组织了这类话题的诊断小组。这些讨论新技术的小组揭示了使用对自己来说陌生的准则所产生的影响：逐渐孤立、认知碎片化、"知识失窃"——知识不由自己管理，而是由电脑（或男性上司？）管理。这会导致焦虑、攻击性、逐渐丧失身份。这类情绪有时如此强烈，以至于很难或不可能形成集体思想或工作团体。孤立，作为一种行为、一种思想、一种主体间或主体内的机制，代表了男女劳动者所需的防御形象——面对自身无法掌握的准则，他们或她们只好以自我

---

[1] Cf. *Sexes et genres à travers les langues, op. cit.*, et *L'ordre sexuel de la langue et du discours*（1988 至 1989 年间我在国际哲学学院的讲演录）。

孤立来防御[1]。对于那些说这一切关人不关己的反对者，我建议他们花上一两天时间去看看那些目前不得不学习使用计算机的公务员们：国铁员工、邮政员工，等等。这些公务员已经忘了最基本的礼貌，忘了关心自身利益。当你（代表你自己）请他们或她们提供有偿服务，他们就会教育你，辱骂你，同时几乎已经不能胜任自己的工作。我们有很多理由担心这些社会服务人员越来越咄咄逼人的态度，之所以有这样的态度，是因为他们的工作发生了变化：电脑成了用户和他们之间的屏障。

工作不仅是为了赚钱。工作具有人文价值、个人价值和集体价值。这种价值有多种表现形式，首先是工作类型和工作方式，其次是工作的社会价值体现，第三，男女劳动者与其收获的财富之间的关系，第四，广告和媒体对劳动者及其产品的利用。此外还有许多其他表现形式。

1　参见博洛尼亚大学的工作文件，c/o Clinica psichiatrica, via S. Luca 9/2, Bologna。

　　为了说明男女劳动报酬在价值上不平等以及在工资类型上不平等，我举三个例子：

　　（1）职业资格的男女不平等，不仅体现在职业准入，也体现在职业报酬上。升职不仅涉及加薪问题，它还包括职业称呼的改变。然而再一次，语言习惯和准则方面的不足及其产生的阻力也使女性的职业资格难以确定。这个问题已经讨论过多次，因为它代表着主体与客体、女工与工资之间的中间点。更重要的是，女性职业称呼的要求与男性工作中已经存在的要求重叠或容易结合。目标因此更容易确定。但使用现有的语言准则，会给解决问题造成障碍（比如，"医生"一词的阴性形式 *médecine* 指的是一种工具或一门学科，又或者该职业名词的阴性形式因其后缀而具有贬义：*doctoresse*）。关于是否准许女性升至一定职业级别，当前社会也有抵触。这种社会不公正现象造成了相当有趣的语言怪象或反常，我举其中一个例子。一位法国女政治家的讣告，摘自 1987 年 9 月 3 日的《独立报》（*L'indépendant*）：

保卫共和联盟党（RPR）前副秘书长、欧洲议会议员、巴黎副市长妮可·舒拉基（Nicole Chouraqui）因癌症在巴黎家中去世，享年49岁。这位经济学家于1938年3月18日生于阿尔及尔，1960至1966年在巴黎联合银行担任金融分析师，之后加入激进党，投身政治。1970年，她加入保卫共和联盟党，1977年之前一直担任政治局委员，1978年担任副总书记。1981至1984年间，担任负责劳动部门的党书记，1979年当选欧洲议会议员，1984年再次当选。她曾任巴黎19区议员，在雅克·希拉克任期担任巴黎副市长，还曾任法兰西岛大区议员。她与保险商克劳德·舒拉基（Claude Chouraqui）结婚，育有两个女儿。

附该讣告原文：

Nicole Chouraqui, ancien secrétaire général adjoint du R.P.R., député européen, maire adjoint de Paris est décédée à son domicile parisien à l'âge de 49 ans des suites d'un cancer. Née à Alger le 18 mars

1938, cette économiste de formation, après une carrière d'analyste financier à la banque de l'Union parisienne de 1960 à 1966, s'était engagée dans la vie politique en adhérant au Parti radical. En 1970, elle rejoint le R.P.R., dont elle sera membre du bureau politique jusqu'en 1977, puis secrétaire général adjoint en 1978. Secrétaire national chargé du travail, de 81 à 84, elle est élue député européen en 1979 et réélue en 1984. Conseiller de Paris dans le XIXe arrondissement, adjoint au maire Jacques Chirac, elle était aussi conseiller régional d'Ile-de-France. Mariée à l'assureur Claude Chouraqui, elle était mère de deux filles.

针对这条讣告的评论，请参考我发表于《差异的时代》(*Le temps de la différence*, biblio essais, 1989)一文《如何成为女性公民》(*Comment devenir des femmes civiles*)。

（2）客体和财产名称的男女不平等。女性主体及其职业素质依然不能由语言很好地表现。即便占有了财产或客体，阴性的价值也不可能在罗曼语中得到应有的体现。意大利语或法语处理两性之间由于占有客体而产生的差异，并不像英语或德语等语言那样一目了然。在法语中，所有格与所有物的词性一致，而不与所有者的词性一致。我们会说：il ou elle voyage avec *sa* voiture（他或她开着他或她的车旅行，所有格"sa"随"车"为阴性）；il ou elle embrasse *son* enfant（他或她亲吻他或她的孩子，所有格"son"随"孩子"为阳性）；il ou elle écrit *son* livre dans *sa* maison（他或她在他或她的房子里写他或她的书，所有格"sa"随"房子"为阴性，"son"随"书"为阳性）。因此英美女性可以满足于拥有"她的"丈夫（就像丈夫拥有"他的"妻子）、买下"她的"房子、获得"她的"大学职位、写"她的"书等等，而使用主体沉淀性更强语言的女性却不一样。这意味着在罗曼语中，主客体关系要复杂得多，事物和词语本身也像主体一样具有性别属性[1]。

---

1 Cf. aussi «Sexes et genres linguistiques» , p. 83, et *Sexes et genres à travers les langues*, «Conclusions», op. cit.

如今有种时髦的说法，说词性是任意的，与性别问题无关。这并不准确。词性无论如何都与说话主体的性别有关。词语有种隐藏的性别，因其是阳性或阴性而受到不平等的评价。这不总能直接感知，往往得对词汇和句法进行深入的即时与贯时研究，才能揭示该事实。

除了确定所指现实与性别的关系，还有另一种机制在起作用：

• 活的、有生命的、人类的、有教养的成为阳性；

• 无活力、无生命、非人类、未开化的则成为阴性。

这意味着男性成为唯一的社会主体，而女性则化为他们之间交换的客体。

在父权制文化中，这种词语的性别地位逐渐显现出来。父权制文化的特征包括：男人之间对女性的交换、父亲对家庭的统治和父系制（或在此之前的母系舅权制）、男人—父亲对土地、工具、家室、艺术、语言、神明、天空等财产的占有。因此，父权拥有女性和工具，工具名称的词性通常标记为阴性。这也是女性职业称呼常常引发问题的原因之一：阳性术语的阴性形式变成了男性所使用的物品："*moissonneur*"（收割者）是男人，"*moissonneuse*"（收割机）是对男人有用的工具，"*médecin*"（医生）是男人，"*médecine*"（医学/医药）是他的工具，等等。因此用该词来描述女性的职业地位有三重困难：

a）男人总想用其工具的性别代表他的性伴侣。

b）女人不想要一个贬低自身价值的称谓，然而给她的选择却只有：物品的名称，如"médecine"（医药），或带有贬义后缀的人名，如"doctoresse"（女医生）。

c）怎么能让女性与取代她的机器一起工作？

因此在语言和社会经济地位层面，这些问题都很复杂。而且在当今文化中，女性再次因身为女性而处在不利地位，这根本是对她们人类身份的不公。

（3）将女性认作"待售"产品的广告惯例，包括媒体惯例。正如女性一直是男人、家庭或部落之间的交易对象，商业竞争也霸道地利用她们的身体和言语，无视她们作为人的尊严，包括作为职业女性的尊严。女性被用来推销也许是她们自己制作的产品[1]，因此再次被贬低，被剥削。此外，广告还间接地把女性表现成蔑视其他女性的形象。

言语的代价和话语的经济意义，代表着我们这个时代的重要问题之一。原因有很多，我列举其中五个：

- 女性进入了生产劳动领域；

- 经济正义方面的良知觉醒；

- 我们的时代用数字衡量一切的倾向；

- 为了利益、要求"更快"而向人工语言的转变；

- 自然语言和人工代码都服从可消费对象和商

1　负责在公共场所进行广告宣传的商家对某些女性抗议所做的回应本身值得另行研究。

业交易的统治，因此人与人之间的交流手段大量丧失，特别是互惠的交流。

人与人之间的关系是女性工作的主要问题之一，无论她是做母亲、顾家、做教师、做护士、做社工、做空姐，还是做秘书，等等。奇怪的是，这些具体与人接触的工作仍然没有报酬或报酬不足。难道人与人之间的相互关系——事实上，女性是这个时代人际关系的客观守护人——应被视为无价的东西，所以不该付钱吗？因为缺乏价值还是价值过剩？很不幸，当今的文化在回答这个问题时，也从社会的角度贬低了这类工作的价值。因此，今天的教师、护士、社工和家庭主妇不仅要求加薪（这往往是女性的普遍要求），还要求自己和工作得到尊重。

为什么这些工作会受到如此贬低？因为是女性的工作，还是因为涉及人与人之间的关系，而不是物品的生产和交易？也许二者出于巧合，却提出了人类文化之现在与未来的重要问题。我们是否正在遗忘语言作为人与人之间交流手段的价值？我们是否正在丧失人性，从而沦为制成品的奴隶，沦为纯粹货币交易的仆从？以这些问题为名，我们是否已经被机器所奴役，以至于在许多情况下失去了选择的自由？那么在这个时代，言语的意义何在？如果我们不再说话，不再相互交谈，我们还是人吗？我们还算活着吗？言语的问题，似乎与忽视我们的性别身份从自然到文化的过渡、低估主体间关系的问题不谋而合，而主体间关系与人的联系、与女性工作的联系更为密切。

1989 年 5 月

因此，我们何时"成为"女性？

由于人工授精的手段，母性正重新成为时尚，包括在某些女性积极分子那里。新技术会像旧父权长老那样主宰女性身份吗？在某种程度上，情况甚至更糟。父权的建立离不开战争、斗争、明目张胆的谋杀。只要拷问历史或史前史——所谓历史前的历史——就会知道[1]。

今天的女性既然没有"她—神"，没有女神，没有女儿的神母，没有精神谱系，就准备不惜一切

1　对此可参见本书第二章《宗教神话与世俗神话》。

代价，冒着进一步丧失女性身份的风险，也要维护一点点自主。就这样，对有的女性来说，不靠男人而生孩子代表自由的最高境界。可这总归是靠另一性别建立自我认同，而不是靠自己；总归是思考没有另一性别时的自己，而不是仅仅思考自己，思考"我—她"，思考"我们"，思考"作为我们的她们"。

此外，不靠男人而出生的孩子依然是孩子。女人依然是母亲。如果女性自由仅仅由她们在生育时不靠男人的能力来定义，我认为这样的自由岌岌可危。尤其在人工生育中，男人并未缺席。他至少有三重在场。

首先，没有性伴侣而受孕的孩子，依然来自男性的精子。还有哪种自然主义，比无名精液与父亲分离而受孕更糟呢？有的女权主义者热衷于反对女性与自身天性、与自然的关系，却回到由男性定义的生物框架中：不存慈悲的自然，阉割女性的欲望。

其次，在生殖技术上，男人完全没有缺席。为了发财，他们甚至对该技术有着极大兴趣。卖淫通过女人的性器赚钱，人工生育通过母亲的子宫赚钱。

最后，父权制世界把女性简化为母亲。用西蒙娜·德·波伏瓦的话说，女人的子宫总在"生病"——真该问问为什么女人的子宫"天生"就在生病——只要她们管好自己的子宫，她们就只做这个……社会组织、政治管理、宗教管理、符号交流——总之，严肃的精神事务依然掌握在男人手中。

今天的科学家弓着腰，在试管前决定一个女人的生育，很像神学家推测女性灵魂存在与否或她是否怀了孕。程序看起来很像，却甚至可能更糟。科学家也可以是女科学家，但这还不足以定义女性身份。这些父权制的技术变种，与女性为挽回丧失的身份而必须完成的任务相比，甚至显得微不足道，因为丧失身份最终会使她们失去生育能力，让她们肚子痛。这些技术也不伦理，使人把注意力转移到多生一个孩子上，而对孩子将要降生的世界的现在与未来不负责任。有的女性能生，有的不能生？好吧。可是，如今有多少孩子死于自然或精神饥饿？所以，干嘛这么感情用事地谈论能不能做母亲？因为除了做母亲，女性没有别的出路。有的女性自认为已经摆脱了父权制对自身天性的定义，可她们的身体和"灵魂"恐怕还在服从这种被称为"人工生育"的命运变体。

人工受孕的母亲、代孕母亲、未来能够怀孕的男人（怀在肠子里？），还有呢！？这一切能使我们摆脱父权制下我们的性的唯一"命运"——生育的义务吗？能使我们从此彼此了解、彼此关爱，根据各自身体的差异而彼此造就吗？我很惊讶，当这么多年轻女子和女孩对其文化长辈翘首以盼，想听她们告诉自己如何成为女性，从而不用全面服从母性或化入男性身份时，有的女性活动家却卷入了要求人工生育的斗争。我认为，这意味着解放问题仍与不存在女性主体机会的文化相连，由于没有自己的身份，很多女人在这个需要她们充当能量资源的技术时代，含糊地寻找一个小小的位置，让自己对未来抱有幻想。尽管表面上看，这种转移视线的做法让很多人满意，可很遗憾，这一切周而复始，乏味之余，还有些令人泄气……

图书在版编目(CIP)数据

我,你,我们:迈向一种差异文化/(法)露西·
伊利格瑞(Luce Irigaray)著;米兰译.—上海:上
海人民出版社,2024
ISBN 978-7-208-18912-6

Ⅰ.①我… Ⅱ.①露… ②米… Ⅲ.①哲学-研究
Ⅳ.①B

中国国家版本馆 CIP 数据核字(2024)第 094723 号

责任编辑 马瑞瑞
封扉设计 人马艺术设计·储平

我,你,我们:迈向一种差异文化

[法]露西·伊利格瑞 著

米 兰 译

出　　版	上海人民出版社	
	(201101　上海市闵行区号景路 159 弄 C 座)	
发　　行	上海人民出版社发行中心	
印　　刷	上海盛通时代印刷有限公司	
开　　本	787×1092　1/32	
印　　张	5.125	
插　　页	5	
字　　数	65,000	
版　　次	2024 年 5 月第 1 版	
印　　次	2024 年 5 月第 1 次印刷	
ISBN 978-7-208-18912-6/B·1757		
定　　价	52.00 元